차별은
원숭이도
화나게 한다

차별은 원숭이도 화나게 한다

차별 없는 세상을 꿈꾸는 청소년을 위한 인문학

복대원·선보라 지음

바다출판사

프롤로그

자유와 평등 그리고 공익이라는 세 가지 조건이 기본적으로 지켜지는 사회에서는 차별이 존재하지 않습니다. 이 세 가지가 없는 사회에서 받는 차별은 그야말로 차별받는 사람들을 칼바람이 부는 바위 끝으로 떠미는 것과 다르지 않습니다.

사회에 문제가 생겼을 때, 해법을 찾는 가장 좋은 방법은 모든 구성원이 다 같이 모여 머리를 맞대고 고민하는 것입니다. 집단지성이 발휘되어야 혼자서는 해결하지 못했던 문제들이 풀리고, 대화를 통해 서로 간에 쌓인 오해를 없앨 수 있습니다. 단, 서로 동등한 지위를 가지고 있다는 전제하에 가능합니다. 거리낌 없이 다가갈 수 없는 사람들끼리는 허심탄회한 대화가 불가능할 테니까요.

안타깝게도 현실의 긴 역사 속에는 뿌리 깊은 차별 위에 세워진 제도와 법, 구조들이 존재합니다. 남들보다 더 많이 가진 사람들이 다른 사람들을 차별하며 떵떵거리고 사는 모습을 볼 때면 평등한 사회는 꿈속에서나 가능한 일이라고 생각되기도 합니다. 그렇다고 좌절할 필요는 없습니다. 지나온 역사 속에는 한정된 혜택을 나누고 쪼개어 더 많은 사람들에게 돌려준 사례가 많이 있으니까요. 여러분이 이 책을 읽는 지금도 진행 중이며, 앞으로도 계속될 것입니다.

> "사회적 차별은 오직 공익에 바탕을 둘 때만 가능하다. 인간은 자유롭고 평등한 권리를 지니고 태어나서 살아간다."

이것은 프랑스 경제학자 토마 피케티가 쓴 《21세기 자본》 서문의 글입니다. 동시에 1789년 프랑스 혁명 당시 〈인간과 시민의 권리에 관한 선언〉 제1조의 내용이기도 하지요. 모든 인간이 평등한 권리를 가졌다는 것을 약속하면 공공의 이익을 위해 누구나 인정할 수 있는 사회적 차별이 가능하다는 것을 뜻합니다. 사회 속에서 다양한 사람들이 모여서 살아가기 때문에 차별은 언제, 어떤 상황에서든 일어날 수 있습니다. 누구나 원하는 한정된 자원을 나눌 때 누군가는 반드시 차별을 받고 있다고 생각할 수 있기 때문이죠.

우리가 맞이할 미래는 어떤 모습을 하고 있을까요? 아마도 차별의 감수성에 따라 달라질 거예요. 오늘의 일상이 문득 차별로 느껴질 수도 있습니다. 감수성이 예민해져서 상대방이 가진 감정까지 세밀하게 읽어낼 줄 아는 사람이 많아진다면 우리의 미래는 평등하겠지요. 반면에 감수성이 낮다면 어디에서든 차별은 계속될 겁니다.

　다수 쪽으로 기울어진 균형을 맞추고, 예민한 차별의 감수성을 가진 이들이 많아지는 데 이 책이 도움이 되기를 바랍니다.

2019년 6월

복대원, 선보라

1

차별이란
무엇일까?

여러분은 다른 사람과의 차이를 인정하나요? 대부분의 사람들은 나와 다른 사람 간의 차이를 인정합니다. 우리 사회가 잘 지탱하고 있는 이유도 차이를 인정하고 받아들이려는 기본자세가 있기 때문이지요. 그렇다면 차별은 어떨까요? 여러분은 차별을 받아본 적이 있나요?

만약 당신이 차별을 받는다면

엘리베이터에서 내린 두 사람이 복도를 따라 어느 식당으로 향하고 있어요. 그중 한 명은 나 자신이고, 다른 한 명과는 관계가 없습니다. 식당 입구가 보이는 코너를 돌자마자 주인으로 보이는 사람이 문밖으로 나와서 내 옆에 있던 사람의 외투와 가방을 건네

받으며 반갑게 인사합니다. 식당 안에 들어간 그는 제일 좋은 자리로 안내를 받아 기분 좋게 앉았어요. 그와 달리 나는 바깥쪽 좁은 테이블에 자리합니다. 식사 중에도 두 사람을 대하는 식당 사람들의 태도는 대조적입니다. 자, 당신의 기분은 어떤가요? 같은 메뉴를 먹고 같은 값을 지불했지만 두 사람의 만족감은 매우 다를 것입니다. 아무렇지 않거나 그 상황을 어떻게든 이해하려는 사람도 있겠지만, 대부분의 사람들에겐 기분 나쁠 만한 상황입니다. 주인에게 두 사람은 서로 같지 않았어요. 그렇기 때문에 대우 또한 달랐지요.

서로 같지 않고 다른 것을 두고 '차이'라고 합니다. 그러나 차이에 가치가 더해져 등급이 매겨지는 순간 '차별'이 됩니다. 특히 그 대상이 내가 되면 더욱 감정적이게 될 거예요. 상대방이 매긴 등급에 따라 대우를 받는다면 썩 유쾌하지 않은 경험을 하게 됩니다. 하지만 우리는 사회적인 동물이기 때문에 주변의 상황에 비추어 생각을 정리할 수 있습니다.

'그래, 저 사람은 주인과 잘 아는 사람일 거야. 가족이거나 친구일 수도 있겠지. 그러니까 주인이 더 신경을 써서 대접하는 걸 거야.' 이렇게 머릿속으로 상대방의 입장을 이해하려 노력할 때도 있습니다.

우리는 많은 사람들 속에서 나고 자랍니다. 단 하루도 사회를 벗어나 살기 어렵지요. 가족에서 시작된 사회적 관계는 유치원, 학교를 거치면서 점점 범위가 넓어집니다. 점점 혼자 있는 것보다 다 같이 있는 것에 익숙해지지요. 그래서 어떤 상황에서든 자연스럽게 나와 상대방의 입장을 함께 생각하게 됩니다. 만약 이 식당의 음식이 맛있어서 다음 날 또 찾아갔다고 합시다. 하지만 여전히 당신의 자리는 가장 바깥쪽 좁은 테이블이며, 주인의 흔한 인사치레조차 없습니다. 과연 당신은 이 식당에 계속 갈 건가요? 미슐랭 가이드에 소개되어 찬사를 받은 곳이라고 해도요.

차이로 이해하려던 주인의 행동이 차별로 다가올 때, 누구나 기분이 상할 거예요. 이것은 비단 식당뿐만이 아닙니다. 사람과 관계를 맺고, 차이와 차별이 존재하는 곳이라면 어디든 마찬가지입니다. 자, 그럼 지속적인 차별을 경험했던 '나'는 과연 끝까지 그 상황을 이해하고 받아들일 수 있을까요? 명확하게 정답을 말할 수는 없지만, 우리가 이 책에서 찾을 수 있는 답은 'NO!'입니다.

차별에 대한 여러분의 견해는 어떤 사회환경에서 살아왔느냐에 따라 달라집니다. 과거 신분제 사회를 생각해본다면 고개가 끄덕여질 겁니다. 신분제도가 없어진 지금 노비 같은 생활을 한다면 참을 수 없겠지요. 따라서 여러분이 자라면서 배우고 경험한 모든 것들이 차별에 대한 생각에 영향을 미칩니다. 내가 가진 지위에서 어떤 역할을 해야 하는지 그 내용에 따라 개인별로 차별을 참아낼 수 있는 정도의 차이가 발생할 것입니다.

여러분은 차별에 관대한가요? 차별을 겪거나 목격한다면 참을 수 있나요? 답을 들어보기 전에 동물들 중 우리와 가장 유사한 다른 영장류는 차별에 어떤 반응을 보이는지 흥미로운 실험을 통해 알아보겠습니다.

원숭이는 왜 오이를 내던졌을까?

2003년 국제 학술지 〈네이처〉에 차별과 관련된 재미있는 실험이 소개되었습니다. 미국 에모리대학교의 영장류학자인 사라 브로스넌Sarah F. Brosnan과 프란스 드 발Frans de Waal은 꼬리감는원숭이capuchin monkey를 대상으로 공평과 불공평에 대한 반응실험을 했어요.

같은 성별을 가진 한 쌍의 원숭이를 상대방이 보일 수 있게 그물망으로 된 칸막이로 나누어진 실험실에 각각 넣고 작은 돌멩이들을 나누어줍니다. 이 돌멩이는 오이 조각이라는 맛있는 먹이를 얻기 위한 '동전'으로 쓰입니다. 실험은 총 4가지 형태로 이루어졌어요.

① 원숭이 한 쌍(A와 B)에게 각각 동전을 받고 보상인 오이를 건네는 '공평한' 조건으로, 원숭이 A와 B는 아무런 거부감 없이 동전을 지불하고 오이를 맛있게 먹었습니다.

② 첫 번째 실험을 경험한 원숭이들에게 '불공평한' 조건을 제시합니다. 원숭이 A에게는 첫 번째 실험처럼 동전을 받고 오이를 주지만, 원숭이 B에게는 오이가 아닌 포도를 줍니다. 여기서 포도는 원숭이가 오이보다 더 좋아하는 먹이라고 해요.

이 실험의 목적은 동전을 주고 먹이를 얻으려는 원숭이 A, B의 똑같은 노력에 대한 보상의 질이 다른 것을 본 원숭이 A가 어떻게 반응을 하는지 관찰하는 것이죠. 결과가 어땠을까요?

A가 된 꼬리감는원숭이들의 50퍼센트가 먹이를 거부하거나 동전을 주지 않았습니다. 같은 노력에 대해 똑같은 오이로 보상을 받았던 첫 번째 실험과는 달리 교환에 실패한 원숭이가 많아진 것이죠. 이유는 무엇일까요?

포도 때문입니다. 같은 값을 지불한 B는 오이보다 훨씬 달콤한 포도를 받았지만 A의 손 안에는 오이뿐입니다. A는 B와 분명히 다른 대우를 받았고, 그에 대한 명확한 항의를 표시한 거예요. 자, 이제 세 번째 실험을 들여다볼까요?

③ 이 실험에서는 가혹하게도 노력에 대해 차별을 가합니다. 원숭이 A는 동전을 주고 오이를 교환받아요. 하지만 원숭이 B는 동전을 주지 않고도 운 좋게 포도를 얻게 됩니다.

A   B

원숭이 B는 신이 나서 달콤한 포도를 먹었지만 원숭이 A는 당황합니다. 급기야 신나게 먹으려 했던 오이를 던져버리는 행동을 취하기도 합니다. 실제로 원숭이 A의 80퍼센트가 교환에 실패했습니다. 즉 보상을 거부했거나 동전을 주지 않았다는 것이죠.

　대부분의 사람들은 꼬리감는원숭이의 행동에 고개를 끄덕일 거예요. 오이 받기를 거부해버린 원숭이에게 공감하는 것이죠. 이제 마지막 네 번째 실험을 볼까요? 이번에는 원숭이 A만을 실험 대상으로 합니다.

　④ 앞서 세 차례 실험에서 가지고 있던 동전과 오이를 교환했던 원숭이 A는 원숭이 B가 앉아 있던 의자 위에 놓인 포도를 봅니다. 불쌍한 원숭이. 텅 비어 있는 원숭이 B 자리에 놓인 포도를 바라볼 뿐입니다. 맛있는 포도를 주인도 없는 빈자리에 놓아둔 이 실험의 결과는 50퍼센트의 거부 반응입니다. 세 번째 실험보다는 낮은 실패율이지만 차별을 당하고 있다고 느낀 50퍼센트의 원숭이들이 있었던 것이죠.

　거듭된 불공평한 상황 속에서 원숭이 A는 자신이 받을 보상인 오이마저 거부해버렸습니다. 솔직히 오이만 두고 보면 그렇게 나쁜 먹이가 아닙니다. 오이도 충분히 맛있는 먹이예요. 하지만 더 좋아하는 포도를 보자 오이가 더는 매력적으로 보이지 않는 겁니다.

　동전을 내밀면 오이를 받을 거라는 기대, 나도 같은 조건에서 포도를 받을 거라는 기대가 무너진 원숭이는 차라리 아무것도 받지 않겠다며 동전과 오이를 던져버렸습니다. 꼬리감는원숭이는 같은 노력에 대해 똑같은 보상을 받는 것이 당연하고 공평하다는 것을 본능적으로 알아차린 겁니다. 이유 없는 차별을 경험한 원숭이는 분노합니다. '대체 왜, 언제까지 나를 차별할 거야?'라고요.

얼마나 더 참을 수 있을까?

차이는 언제 어디에서든 존재하기 마련입니다. 우리는 모두 같은 인간이지만 가진 능력과 처한 상황이 완전히 똑같은 사람은 없기 때문이죠. 능력, 지위, 상황에 따른 차이는 당연해요. 이런 차이는 어느 정도 받아들일 준비가 되어 있습니다. 하지만 차이를 무시한 차별이 지속되어 오랫동안 내 마음 한구석을 쓰리게 한다 해도 끝까지 참고 받아들일 수 있을까요?

참을 수 없는 차별은 한 순간에 몰아치지 않습니다. 차별적인 상황이 발생하면 이게 무슨 일인지, 왜 그러한지 원인을 찾습니다. 원인이 이해되지 않는 순간들이 계속 이어지고, 참고 참다가 결국 울분이 터져버리죠.

우리는 관계를 중요시하는 사회적 동물이기 때문에 상대방의 행동과 상황을 어느 정도 참고 받아들일 수 있어요. 하지만 정도를 넘어선 감정의 폭풍우는 흔히 말하는 '울화병'을 가져오기도 하죠. 또 이유 없는 차별이 지속되다가 더 이상 참을 수 없게 되면 차별의 반격이 시작되기도 합니다. 불공평에 대한 혐오가 가져온 차별의 반격이 말이죠.

여전히 세계 곳곳에는 관습이라는 이름의 차별이 진행 중입니다. 꼬리감는원숭이 실험에서 원숭이 A의 반응에 고개가 끄덕여졌다면 당신은 이미 주변의 차별들에 대해 관심을 가질 준비가 되어 있는 것입니다. 우리 사회가 성숙해지는 방법의 첫걸음은 타인에 대해 관심을 가지고 이해하기 위해 노력하는 것입니다. 앞서 꼬리감는원숭이 A가 가졌던 분노에 귀를 기울이고, 왜 그런 행동을 했는지 이해해주려는 자세 말입니다.

소통을 할 때 비로소 차별을 비롯한 여러 문제들을 풀어나갈 실마리를 찾게 됩니다. 앞으로 할 이야기들은 시간의 흐름 속에서 엉키고 꼬인 차별에 대한 것입니다. 쏟아지는 차별을 맞고 서 있는 이들과 이에 맞선 또 다른 이들, 그리고 그들을 차별의 울타리 안에 가두어 놓은 이들. 그들은 모두 우리들 자신이며, 과거와 미래의 우리들입니다.

차별로부터 벗어나기 위한 투쟁은 우리의 역사 속에 계속되어 왔습니다. 많은 사람들의 희생으로 막 걸음마를 떼기 시작한 인권은 여전히 차별이라는 무거운 모래주머니를 달고 있기는 하지만 느리게 앞으로 나아가고 있습니다.

감정 조절에도 학습이 필요할까?

부끄러움, 절망, 분노, 슬픔, 치욕. 이런 감정들을 한꺼번에 느껴본 적이 있나요? 이것은 차별받았을 때 밀려드는 감정들입니다. 하나씩 꺼내어 보면 모두 느끼고 싶지 않은 감정들이지요. 마음속에 가득찬 복잡한 감정을 굳이 나열하지 않아도 차별에 대한 우리의 반응은 부정적입니다. 반대의 경우는 어떨까요? 상대방을 차별적으로 대할 때의 감정을 생각해봅시다. 멸시, 우월감, 조롱, 적대심, 오만함. 어쩌면 다른 사람을 차별하고 있다고 생각하지도 못한 채 저런 감정들을 스치듯 느끼고 지나간 사람도 있겠지요.

감정은 주변 환경에 따라 변하는 기분의 흐름입니다. 때로는 스스로를 곤경에 빠뜨리기도 하고, 역경을 헤쳐나갈 원동력이 되기도 하지요. 인간은 감정의 동물입니다. 모든 동물 중 인간이야말로 복합적이고 추상적인 감정의 전체를 느끼고 발산시키는 유일한 종족이에요. 그렇다고 인간만 감정을 가지고 있는 것은 아닙니다. 다른 생물들에게도 감정이 있습니다. 느끼는 감정의 폭에 차이는 있지만 말이죠.

우리는 나의 감정과 타인의 감정 속에 서로 얽혀서 살아갑니다. 감정은 행동과 말에 영향을 미치고, 이 행위들은 또 다른 사람들의 행동과 감정을 불러일으켜 서로 관계를 맺습니다. 그렇기에 별것 아닌 일에 감정이 들어가면 문제가 더 깊어지기도 하고 풀리기도 합니다. 사람들과의 관계 속에서 감정이 차지하는 비중은 여러분도 잘 알고 있을 거예요.

차별에 대한 감정은 어떨까요? 머릿속으로 차별이라고 생각하기 이전에 우리는 동물적인 감각과 감정을 통해 차별을 느낍니다. 쉬운 예를 들어볼까요? 어느 날 선생님이 나에게는 주지 않은 사탕을 친구에게만 주었다고 생각해봅시다. 친구는 사탕을 받을 만한 이유도 없고, 내가 받지 못할 만한 이유도 없다고 생각했어요. 하지만 다음 날도, 그다음 날도 나만 사탕을 받지 못했다면 어떨까요? 내심 나를 바라보는 선생님의 시선이 친구와 다르다는 생각을 하게 될 거예요. 친구와 달리 나는 손해를 보고 있으니까요. 점차 머릿속에는 '차별'이라는 단어가 떠오르게 될 테지요. '우리 선

생님은 나를 차별해'라고 말입니다. 우리 마음속 차별의 감수성이
예민해지는 때입니다.

차별을 느낀다는 것 = 차별의 감수성

차별의 패턴은 늘 반복됩니다. 차별을 불러일으키는 상황이 있
고, 그 안에 차별을 하는 사람과 차별을 받는 대상이 있지요. 기원
전에도 차별적인 상황은 존재했어요. 그러니 어디에서든 발생할
수 있는 차별에 대해 내 주변은 어떠한지 둘러보고 미리 대처하기
위해 차별 감수성은 꼭 필요합니다. 차별의 감수성이란, 차별이
일어나는 상황을 감정적으로 받아들이고 느끼는 것을 말합니다.
따라서 차별의 감수성이 예민한 사람들은 사회 속에서 일어나는
차별을 빨리 알아차리고 막아주는 방패 역할을 할 수 있습니다.

차별을 느끼는 건 감정이지만 인간에게는 이성이 있습니다. 이
성적으로 따져보면 차별은 상식적인 수준에서 차이의 인정으로
끝날 수도 있지요. 그렇다면 차이가 차별로 바뀌는 순간은 언제일
까요?

단순하게 생각하면 차이로 인해 이득을 볼 때입니다. 이득과 손

실은 내가 가질 수 있는 자원의 차이에서 오고, 자원의 양에 따라 사회적으로 받는 대접도 달라집니다. 그 과정에서 감정의 변화가 일어나기도 하고요. 이것은 꼬리감는원숭이 실험에서 살펴보았습니다. 자신과 상대방의 먹이가 다른 것에 분노하고 급기야 먹이를 던져버린 것으로 말이죠. 차별의 감수성은 이런 분노를 표출하기 전에 상황을 해결할 실마리를 제공해줍니다.

대부분의 사회문제들이 의사소통의 부재, 즉 불통의 문제를 가집니다. 따라서 문제가 발생하더라도 소통만 제대로 된다면 갈등을 넘어 증오로 치닫는 상황을 막을 수 있습니다. 차별에 대한 풍부한 감수성은 모든 사회문제 해결의 키워드가 될 수 있고, 이 감수성은 타인의 감정 읽기에서부터 시작되지요. 차별이라는 것은 개인이 느끼는 감정이기 때문에 공감 능력이 중요합니다.

차별에 대한 감수성이 풍부한 사회는 갈등이 많아질 수밖에 없습니다. 아주 미묘한 차별의 상황까지 알아차리게 되니까요. 하지만 우리 사회 전체의 안전망 역할을 해줍니다. 사회를 해치는 불안 요소를 막고 있던 둑이 사회적 차별과 갈등으로 조금씩 금이 가고 있다면 언제 무너질지 모릅니다. 둑이 무너지기 전에 고치려면, 먼저 사회 이곳저곳을 차별의 감수성이라는 돋보기로 세밀하게 바라보아 금이 간 곳을 찾아야 합니다. 그리고 차별적인 상황을 인정한다면 꼬인 문제는 생각보다 쉽게 해결할지도 모릅니다.

대부분의 사람들은 이성적으로 생각하고 냉정하게 차별을 바라봅니다. 차별적인 사회구조를 탓하는 사람도 있지만 구조는 사람들이 만드는 것입니다. 사람이 바뀌면 구조도 바뀔 수 있어요.

우리는 저마다 마음속에 눈에 보이는 것들을 판단하는 기준인 심리적 잣대를 가지고 있습니다. 이 기준에 따라 무의식중에 모든 것들의 가치를 판단하고 있습니다. 석기시대부터 정글과 같은 환경에서 살아남기 위해 선택의 효율성을 따지고 판단하는 본능은 자연스러운 것이었어요. 남을 평가하고 판단하는 것에 죄책감을 가질 필요는 없습니다. 다만 그 평가의 결과가 차별로 나타나지는 않는지 스스로 견제해야 합니다. 일상생활 속에서 아주 사소한 의도로 한 말이나 생각, 행동들을 되돌아보세요. 본능 속에 숨겨진 차별의 싹을 끄집어낼 상황을 만들지 않았는지 늘 경계해야 합니다.

사람이라면 누구나 차별 감수성을 가지고 태어나지만 이를 어떻게 키우느냐는 사람마다 다릅니다. 차별이 반복적으로 지속되면 환경에 적응하여 감수성이 떨어지고, 상황에 대해 잘못된 판단을 할 수도 있게 됩니다. 따라서 차별의 감수성이 얼마나 예민한지 때때로 확인해볼 필요가 있습니다. 살아가면서 이 감각은 무뎌지기도 하고 날카로워질 수도 있으니까요. 차별에 대한 감각을 깨우기 위해서는 경험이 중요한데, 굳이 겪지 않고 지켜보기만 해도 됩니다. 어떤 상황이 차별적이라는 것을 알아차리기만 해도 감수성은 높아질 테니까요.

감수성은 나이가 들수록 무뎌지기도 합니다. 하지만 차별 감수성은 세상을 보는 눈이 넓어질수록 예민해질 수 있습니다. 바꿔 말하면 시간이 지날수록 불평등한 상황에 대처하는 요령이 생기고, 상황을 판단하는 눈이 예리해지는 거죠. 현실을 있는 그대로 바라보고 약자의 눈으로 세상을 바라보려는 의지가 있다면 더욱 예민하게 움직일 거예요. 어렸을 적 본능적으로 느꼈던 차별을 머리로 느끼고 생각하게 될 때 타인에 대한 차별에도 관심을 가질 수 있게 됩니다.

차별을 가하는 것도, 차별을 걸러내는 것도 모두 개인의 선택입니다. 하지만 그 결과는 더 이상 개인의 범위에 그치지 않지요. 사회적 행위는 나뿐 아니라 구성원들에게 미치는 영향력이 분명히 있기 때문에 더 이상 사적인 문제라고 변명할 수 없습니다. 이성과 감성이 함께 작용하는 사회관계 속에서 차별은 매우 이기적인 선택입니다. 조금만 상대를 이해하고 공감하려는 노력이 있다면 결과는 달라지지 않을까요?

나도 모르게 불쑥 나온 한 마디

"저 선수는 흑인이라서 빨라."
"백인은 금발머리가 예뻐."

　누구나 한 번쯤은 나도 모르게 상대의 외모나 특징을 두고 이런 말을 할 수 있습니다. 분명 비하할 목적으로 한 말은 아닐 거예요. 하지만 듣는 입장에서 기분이 나빴다면 차별이 맞습니다. 흑인이 아닌 선수들은 자신의 피부색을 탓하고, 금발이 아닌 사람들은 자신의 머리색을 한 번 더 쳐다볼 거예요. 의도치 않게 차별적인 말을 건네버렸습니다. 특히 비슷한 성향과 특징을 가진 사람들이 모여 사는 집단에서는 이런 일이 자주 벌어집니다. 그들 사이에서 생긴 공감대가 차별에 대한 감수성마저 비슷하게 만들기 때문이에요. 가령 미국처럼 다양한 문화적 배경을 가진 사람들이 모여 사는 사회는 우리나라처럼 비슷한 문화양식을 공유하는 사회보다 인종차별에 대한 감수성이 더 높습니다. 그동안 다양한 차별의 갈등을 겪으며 감수성이 예민해졌기 때문이지요. 만약 우리나라에서 자란 사람이 미국 사람들 틈에서 별다른 뜻 없이 가볍게 저런 말을 내뱉었다면 오해가 생길 수도 있겠지요.

사람은 누구나 자기중심적으로 생각하고 말합니다. 의도치 않게 나의 호불호를 드러내는 말이 튀어나오는 것도 당연합니다. 차별의 감수성이 높은 사람은 어떨까요? 상대에게 상처를 주는 행동이나 말을 자제할 거예요. 생각은 얼마든지 할 수 있지만 그것이 밖으로 나왔을 때에는 사회적 행위를 한 것이기 때문에 더 이상 내 생각에서 끝나지 않습니다. 나의 행동과 말이 상대방에게 영향을 미치고, 그 상호작용의 결과로 차별이 생겼다면 더 이상 개인적인 의견이라는 변명은 통하지 않습니다. 그렇기 때문에 우리 모두에게 차별에 대한 예리한 감수성이 필요한 것입니다. 다른 이들을 위해 그리고 나와 우리 사회를 위해 말이죠.

사람들은 때때로 무의식중에 다수를 위한 소수의 희생을 요구할 때가 있습니다. 소수의 희생은 주로 그들의 의견을 묵살하는 것으로 나타나고요. 문제는 소수에 해당하는 사람들이 대체로 사회적 약자라는 점입니다. 그들은 사회적 차별을 받을 가능성이 높은 집단이라는 것이죠.

종종 '다수'라는 요새에 숨어 차별을 묵인할 때가 있습니다. 개인이 모여 다수가 만들어지고, 개인의 행복을 위해 다수를 구성하지만, 결국 다수에 의해 어떤 개인은 상처를 받게 되는 경우가 있지요. 장애인이나 다문화 가정, 성소수자를 향한 사람들의 시선이 그러했어요. 그렇다면 '다수'란 무엇일까요? 단순히 숫자가 많은 것을 말하는 것일까요?

다수는 단 1명이라도 많으면 더 많은 힘을 가진다는 사회적 약속에서 시작됐습니다. 마치 아이들 싸움처럼 수적으로 우세하면 일단 기세가 등등하게 되는 것처럼 말이지요. 그리스 아테네 이후 민주주의 역사 속에서 '국익'이라는 이름으로 벌어진 다수의 횡포가 가져온 불합리한 사례들을 종종 찾을 수 있습니다.

> "이건 국익을 위해 어쩔 수 없어."
> "나라 전체를 위해 누군가는 희생할 수밖에 없지."

국가적인 사업으로 혐오 시설 건설이 진행되는 과정을 떠올려보세요. 밀양의 송전탑, 부안 핵폐기물 처리장 취소, 사드배치 부지 선정 문제 등 특정인을 위한 시설이 아닌 불특정 다수인 사회 전체를 위해 반드시 설치할 수밖에 없는 혐오 시설을 지을 때 우리 사회는 모두 같은 생각을 가지고 바라보았을까요?

이익과 불편을 받는 쪽은 정해진 걸까?

어느 사회에나 차별을 묵인하려는 사람들이 있고, 그들이 있는 한 차별은 계속됩니다. 그들은 특별한 사람이 아닙니다. 평범하게 살아가는 우리 이웃이며, 때로는 내가 될 수도 있습니다. 관심 있는 부분은 잘 들여다보겠지만, 그렇지 않은 것들은 바쁘다는 핑계로 모른 채 지나가기도 하지요. 자의든 타의든 차별을 그저 지켜보고만 있다면 어디에서든 또 발생할 수 있어요. 그 대상은 나 자신, 바로 우리가 될지도 모릅니다. 어떤 계기에 의해 서로의 입장에 차이가 생기면, 이익을 받는 쪽과 불편을 떠안느냐 쪽으로 나누어지는 경우가 발생할 수 있습니다.

한 예로 국가적인 시설인 송전탑을 내 집 근처에 설치한다면 건강 위협 때문에 누구나 반대하기 마련입니다. 이들의 입장을 무조건 님비 현상NIMBY*이라고 손가락질하기는 어렵습니다. 건강의 안전성을 위협하는 충분한 요인이 되기 때문이죠. 실제로 몇 년 전 밀양 주민들은 아이들까지 거리에 나와 고압 송전탑 건설을 극구

---

* 'Not in my backyard(내 뒷마당은 안 된다)'의 약자. 공공의 이익은 인정하되 자신이 속한 지역에 이익이 되지 않는 일을 반대하는 이기적인 행동을 뜻한다.

반대했습니다. 경찰과 심하게 부딪히기도 했지요. 인체에 해로울지 모를 고압의 전기가 내 생활터전을 망가뜨린다는 생각에 절박한 마음이 컸습니다. 하지만 밀양을 제외한 다른 지역들은 그저 뉴스만 바라보았습니다. '왜 필요한 시설을 반대하는 거지? 저게 없으면 전기를 못 쓰잖아. 당연히 협조해야 하는 거 아니야?'라며 말이죠.

물론 혐오 시설이 들어오는 지역의 사람들을 피해자로, 그 외의 사람들을 가해자로 몰아붙이려는 것이 아닙니다. 중요한 것은 그들의 목소리에 귀를 기울이는 것이니까요. 대화를 통해 불합리한 측면을 해결하고, 피해를 최소화하거나 받은 피해에 대한 보상을 적절하게 한다면 갈등의 골을 조금 줄일 수 있지 않을까요?

대화를 통해 사회문제를 해결하기 위한 노력은 신고리 원전 5·6호기 공론화위원회에서 찾을 수 있습니다. 원전 건설을 두고 서로 다른 가치와 견해를 가진 시민들이 상호 간에 충분한 토론과 의견 교환 과정을 거쳐 상대방의 의견을 받아들이고 합리적으로 문제를 해결해 나가는 과정을 함께 했습니다. 물론 이러한 방식의 해결에 시간과 노력이 많이 들겠지만 진행되는 과정 속에서 서서히 우리 사회의 차별은 줄어들고 시민사회의 성숙도는 높아지지 않을까요?

사회 전체를 위해 당장 해결해야 하는 문제도 있습니다. 때론 사회 전체가 방향을 잃거나 혼란스러워질 수도 있기에 누군가의 희생을 필요로 하지요. 차별을 가져올 상황임이 분명하지만 그 방법 이외에는 다른 수가 없을 때 진퇴양난에 빠지게 됩니다. 누군가는 불이익을 받을 수밖에 없는 선택만이 남아 있다면, 민주적인 방법으로 소통을 해야 합니다.

차별과 관련된 모든 문제는 피해자의 참담함을 있는 그대로 보지 않는 데서 시작됩니다. "괜찮을 거야. 전체를 위해 누구 하나 희생하는 건 당연하잖아."와 같이 내게 닥친 일이 아니라고 무심하게만 생각하면 안 됩니다. 다 같이 관심을 가지고 있는 그대로 바라보고 이야기를 나누는 과정이 반드시 필요합니다. 그 과정이 힘들고, 해결의 문이 보이지 않는다고 피한다면 제2, 제3의 피해자가 내가 될 수도 있으니까요.

2

차별의 눈으로
세상을 본다면

무슨 일이든 '시작'의 순간이 있습니다. 생각해보면 우리가 익숙하게 하고 있는 모든 일들에 낯설었던 '처음'이 있었습니다. 기억하기 힘들겠지만 첫 걸음마를 떼던 날이 있었고, 처음 학교에 간 날이 있었을 겁니다. 모든 일에 시작이 있듯 차별에도 시작이 있었습니다.

차별은 어디서부터 시작되었을까?

차별의 시작 역시 불공평하고 가혹했어요. 모든 사람들이 똑같이 출발한다면 더없이 좋겠지만 사회는 그렇지 않습니다. 피와 눈물을 가진 인간이 만들었지만, 사회는 피도 눈물도 없는 일을 서슴지 않았거든요. 우리 사회 곳곳에는 차별이라는 현상으로 설명

할 수 있는 많은 일들이 일어나고 있습니다. 이제 차별의 첫 시작을 거슬러 올라가 볼까요?

인간의 유전자는 약 4만여 개로 추정하고 있습니다. 그러니 모든 유전자들이 완벽하게 일치하는 인간은 자연적으로 존재할 수 없습니다. 당연히 개인 간에 차이가 생길 수밖에 없다는 것을 인정해야 하지요. 문제는 차이를 대하는 우리의 태도입니다.

인간은 본능적으로 순서를 따집니다. 밥을 먹을 때에도 어떤 반찬을 먹을지 쭉 훑어본 뒤 가장 맛있는 것과 그렇지 않은 것들을 나눕니다. 모든 선택의 순간에는 찰나의 가치분석이 따릅니다. 뒤돌아서서 후회했던 충동구매도 사실은 그 당시 가장 가치 있는 선택을 한 것일 뿐입니다. 누구나 쓸모없는 것을 애써 사지는 않기 때문이에요. 우스갯소리로 말하는 '예쁜 쓰레기'도 그 순간만큼은 내 눈에 좋아 보여서 샀으니까요.

사물에 대한 등급 나누기는 시간을 효율적으로 사용하기 위해 반드시 필요합니다. 한정된 시간 속에서 중요한 순서대로 일을 처리하는 것이 효율적이니까요. 그러나 사람을 비롯해 살아있는 것들에 등급을 나눈다면 어떨까요? 차이를 가진 각각의 인격체에 가치를 부여하고, 등급을 나눠 대우하게 된다면요? 그때부터 차별이 시작됩니다.

사람에게 등급을 나눈다니, 거북한 이야기가 아닐 수 없어요. 하지만 과거에는 인격 차별이 공공연하게 이루어졌고, 지금도 진행 중인 나라들이 있습니다. 그 대표적인 예가 바로 신분제도입니다.

신분제도는 잉여 생산물을 얼마나 가지고 있느냐에 따라 나눠진 지위와 권력이 차별적인 사회구조로 굳어진 것입니다. 신분제도가 우리의 삶을 옭아맸던 시절을 떠올리면 까마득한 먼 옛날처럼 느껴집니다. 하지만 이 제도가 없어진 지 얼마 되지 않았어요. 우리나라는 대한제국의 성립 이후 점차 허물어지기 시작했으니 100여 년 정도밖에 되지 않았습니다.

공식적으로 없어진 신분제도가 여전히 관습적으로 남아 있는 나라들도 있어요. 2017년 인도의 제14대 대통령으로 당선된 람 나트 코빈드Ram Nath Kovind 대통령이 큰 화제를 모았습니다. 그는 인도의 신분제도인 카스트에도 속하지 못하는, 만져서도 안 되는 낮은 신분인 달리트Dalit였기 때문입니다. 왕실이 존재하는 영국에서는 아직도 계급 문화가 발음과 억양 속에 남아 있다고 합니다. 쓰는 언어를 통해 그 사람이 상류층인지, 노동계층인지 드러난다는 것이죠. 지금은 상류층의 영어를 사용하는 사람들은 극소수이고, 대부분 중간 정도의 발음을 한다고 하네요. 하지만 노동자 계층이었던 영국의 어느 축구선수가 상류층의 영어를 사용하여 웃음거리가 된 적도 있었어요. 이처럼 여전히 신분제도의 틀이 희미하게 남아 있는 나라들도 있으니 차별의 프레임이 얼마나 견고한 것인지요!

프레임이란?

사회에서 살아가는 사람이라면 누구나 학교나 가정에서 사회 구성원으로서 꼭 알아야 할 규범을 배우는 사회화 과정을 거칩니다. 성숙한 시민으로 살아가기 위해 필요한 지식과 기능은 물론 가치관에 이르기까지 온갖 규범들을 몸과 머리로 터득해야 합니다. 책임감 있는 시민으로 살아가기 위해서는 끊임없는 훈련의 과정이 필요해요. 사회적 동물인 인간은 태어나 죽을 때까지 늘 그 사회 문화를 배우는 과정 위에 있습니다.

차별의 가장 기본적인 원인은 힘의 불균형에서 찾을 수 있습니다. 강한 자가 약한 자를 지배하는 구조는 인간뿐만 아니라 동물 사회에서도 흔히 발견됩니다. 우리는 사회화를 통해 힘의 불균형에서 시작된 차별을 스스로 받아들이기도 합니다. 과거에는 신분제도를 통해 차별을 당연시했지요. 형식은 달라도 지금은 현재의 상황을 유지하길 바라는 사람들이 사회화라는 이름으로 차별의 프레임을 만듭니다. 인간은 사회화를 통해 자신의 사회적 지위를 인정하고 행동합니다. 사회화를 거치지 않을 경우 사회 규율이 아닌 본능에 따라 행동하기 때문에 차별을 받아들이기가 더 힘들 거예요. 모든 살아 있는 것들은 타인을 위해 존재하는 것이 아니라 나 자신을 위해 이 자리에 있으니까요. 보통 공식적인 사회화 기관인 학교에서 그 사회를 유지하기 위한 문화와 관습이 교육을 통해 전달되는 과정 속에서 고유한 프레임이 만들어지게 됩니다. 프레임은 그 사회를 유지하는 강력한 도구이기도 하지만 때론 차별의 도구로 사용되기도 합니다.

제2차 세계대전의 전범국가인 독일이나 일본의 사례를 보면 개인보다 국가와 단체의 규칙을 강조하는 사회문화로 인해 전쟁으로 겪게 될 다른 나라의 고통과 슬픔을 이해하기 힘들었습니다. 프레임에서 벗어나 자신만의 고유한 생각을 말하기 어려웠던 것이죠.

프레임을 어떻게 짜느냐에 따라 차별의 감수성이 영향을 받습니다. 프레임 안에서 보이는 만큼 나의 사회적 지위를 찾기 때문이지요. 그렇다면 운명처럼 주어진 차별적인 현실을 그저 받아들일 수밖에 없을까요?

지속되는 차별적인 경험들 속에서 공식적인 사회화 아래 자리

잡은 차별의 프레임을 꿰뚫어볼 수 있는 사람들이 종종 등장하기도 했습니다. 역사 속에서 차별에 반격을 일으킨 이들의 노력 덕분에 인권이 성장했어요. 한번 깨진 차별의 구조는 또 다른 사회화를 통해 다른 세대로 전해집니다. 이제는 더 이상 의미 없어진 신분제도가 그렇습니다. 제도적으로 신분을 나누지는 않으니까요. 누구나 법 앞에 평등한 인간이잖아요.

과연 차별을 없앨 수 있는 반격은 특별한 사람에 의해서만 일어날까요? 이미 프레임에 갇혀 있던 사람들도 어느 날 문득 당연하다고 생각되던 것들이 낯설게 느껴졌을 때가 생길 수 있어요. 그동안 아무렇지 않게 한 행동이 차별로 다가온다는 것을 느낀 순간 말이에요. 늘 있던 내 자리가 부당하게 다가오고 무언가 바뀌어야겠다고 생각하게 된다면, 그제야 비로소 차별에서 벗어날 준비를 하게 되는 것이지요.

취향이 다르면 차별이 되는 걸까?

우리 모두에게는 성향이 있습니다. 그리고 이 성향은 마치 사진 속 프레임처럼 내가 바라보는 방향에 따라 달라집니다. 카메라를 잡은 이가 누구냐에 따라 프레임이 달라지는 것처럼 말이에요. 같은 장소에 가서 여러 명이 각자의 카메라로 사진을 찍는다고 해봅시다. 일부러 맞추지 않는 이상 저마다 자신의 취향이 들어간 프레임을 담아올 거예요. 하지만 누군가 "여기는 이렇게 봤을 때가 가장 멋지지."라는 말을 했다면, 또는 유명한 사진작가가 있다면 눈치를 보며 그의 프레임을 쫓는 사람도 있을 겁니다. 성향이란 매우 개인적인 영역이지만 동시에 지극히 사회적입니다. 특정 성향을 공유하고 있는 사람들이 뭉쳤을 때 갖게 되는 사회적 힘은 정치권력으로까지 이어질 수 있지요.

성향을 공유하고 있지는 않더라도 우리 스스로는 주변사람들의 생각에 많은 영향을 받습니다. 다른 사람들이 나를 어떻게 생각하는지, 내가 이런 행동을 할 때 남들이 어떻게 반응할지 주위를 살펴본 적 있나요? 그들은 의식하지 못하지만 누구나 하루에도 여러 번 경험할 거예요. 때론 주변을 의식하지 않고 마음대로 행동하는 사람에게 눈치가 없다며 핀잔을 주기도 하지요. 그러므로 최대한 눈에 덜 띄도록 다수의 뜻을 따르거나, 영향력 있는 사람의 생각에 시선이 머무는 것은 당연합니다. 오랜 세월 집단 속에서 진화해온 우리 유전자 깊숙이 잠재되어 있는 권력의 흐름을 쫓아가려는 생존 본능과 타인의 감정을 읽으려는 본능이 존재하기 때문입

니다. 더군다나 여러분처럼 사회화된 개인은 말할 것도 없지요.

차별에서 조심해야 할 것이 바로 군중심리입니다. 나의 정체를 감출 수 있는 가면을 쓴 군중의 무리 속에서 옳고 그름의 판단을 잊은 채 사회적 본능에 따라 행동하는 것을 조심해야 합니다. 우연히 만들어진 집단인 군중을 움직이는 힘은 군중심리에 있습니다. 군중에 휩쓸린 사람은 예전에 가지고 있었던 성향과는 전혀 다른 일들도 하게 됩니다. 혼자서는 하지 못할 일을 하게 하는 군중심리의 비밀은 무엇일까요? 바로 여론입니다. 사람들의 비슷한 생각들이 모여 여론이 형성되고, 이를 쫓아가는 사람들이 생기면서 군중의 힘은 더욱 세집니다. 힘이 세진 여론을 등에 업고 세력을 뻗어나가려는 이들이 나오기도 하지요. 만약 여론이 차별에 동의한다면 어떤 일이 벌어질까요? 그럴 때에도 군중 속에 파묻혀 팔짱을 끼고 지켜보아야 할까요?

이때 필요한 것이 바로 앞에서 이야기한 차별의 감수성이에요. 여론이 힘을 가질 때 군중심리에 휩쓸리지 않고 누군가가 필요에 의해 만들어낸 이슈는 아닌지, 여론 속에서 은연중에 제시하는 메시지는 무엇인지 한 걸음 떨어져서 비판적으로 바라볼 줄 아는 눈이 필요합니다.

21세기 신분제도, 수저 계급론

　과거나 지금이나 사회적·경제적 지위에 따른 차별은 언제나 발생해왔습니다. 우리가 사회를 떠나 살 수 없듯이 사회는 권력구조에서 벗어날 수 없어요. 단 두 명만 모여도 보이지 않는 미묘한 권력관계가 존재하니까요. 이 관계가 세대에서 세대로 이어지면서 낮은 자리가 익숙해진다면 차별을 당해도 이것이 차별이라는 생각조차 하지 못할 수 있어요. 어머니 배 속에 있을 때부터 정해진 신분에 따라 대우를 달리 받아도 자신이 맡은 일에 최선을 다하면서 운명을 탓할 뿐입니다. 만약 이들에게 주인과 노비는 똑같은 인간이며, 노비에게도 주인처럼 인간답게 살 권리가 있다고 한다면 뭐라고 했을까요? 아마 말도 안 된다고 손사래를 쳤을 거예요. 처음부터 그래 왔고, 쭉 그렇게 살아야 한다고 믿으니까요.

　과거 신분제도가 사회구조를 통해 차별을 정당화했다면, 요즘의 차별은 다릅니다. 신분제도의 경우, 종교와 사상이 뒷받침되어 소수가 다수를 지배하는 구조를 가지고 있습니다. 반면에 민주주의에서는 다수에 의해 차별이 만들어지기도 합니다. 다수의 횡포라고도 불리는 이 차별은 다수에 의한 소수의 지배를 가져옵니다.

　혼자 있을 때 한없이 약한 인간들은 사회를 구성하여 살아갑니다. 따라서 집단 내에서 발생하는 문제를 해결하기 위해 정치가 반드시 필요합니다. 정치라고 하니 멀게 느껴지나요? 정치란 한정된 자원을 배분할 때 구성원들이 함께 의사결정에 참여하여 나누는 것을 말합니다. 정치인들이 싸움을 일삼는 것도 알고 보면 한정된 자원을 자신들에게 유리하게 배분하려고 우리를 대신해서 목소리를 내고 있는 거예요. 종종 그렇지 않은 경우도 있기는 하지만요.

민주주의 사회에서는 다양한 배경을 가진 사람들이 자유롭게 의사결정에 참여할 수 있는 권리를 보장받습니다. 자신의 주장에 따라 다양한 의견을 제시하기 때문에 왕 한 사람이 결정하던 왕정보다 문제를 해결하기가 더 어렵게 되지요. 그래서 찾은 의사결정 방법이 바로 다수결입니다. 조금이라도 더 많은 사람들이 동의한 의견이 잘못될 가능성이 적을 것이라는 생각에 선택한 방법입니다. 물론 효율적이긴 합니다. 다만 다수결에는 소수의 의견이 무시된다는 치명적인 약점이 있어요. 다수에 비해 더 나은 선택일 수도 있는 소수의 의견마저 다수의 이름으로 묵살하는 문제가 있지요. 다수결 원칙은 같은 뜻을 가진 사람들이 최대한 많이 모여야 이익을 가질 수 있기 때문에 사람들은 똘똘 뭉치게 됩니다. 바로 이 과정에서 다수의 힘이 발생합니다. 이 힘에 의해 대부분의 해결책이 다수에게 유리하도록 결정되니까요.

　사회 전체와 연관된 문제에는 이해관계가 충돌하기 마련입니다. 모두가 이득을 얻는 이해관계는 존재하지 않습니다. 선택이 필요한 문제는 누구나 갖고 싶어 하는 희소한 자원이 원인이거든요. 한쪽이 자원을 얻으면 다른 쪽은 얻을 수 없어요. 앞서 보았던 밀양 송전탑 문제처럼 말이죠. 다수에게 유리하게 결정된 사항은 소수에게 양보와 손해를 요구하다 보니 종종 갈등이 발생하기도 하고, 갈등 과정에서 편견과 오해가 쌓여 차별이라는 감정이 생기게 되지요. 상대가 차별인지 모르고 한 행동도 받아들이는 사람은 차별이라 느끼기도 합니다. 서운한 감정들이 합쳐져 차별이라는 이름으로 다가오는 것이죠.

　집단 속에서 살아가는 인간에게 다수에 유리한 선택은 늘 벌어지며 피할 수 없습니다. 따라서 차별당한 소수는 항상 존재할 수밖에 없어요. 이런 경우 우리는 차별이 발생하고 난 다음의 상황에 주목해야 합니다. 차별이 불가피하다면 차별을 예민하게 인식하는 것이 중요하고, 그다음은 차별이 일어난 후 어떤 행동을 할 것인지 생각해봐야 합니다.

　시간이 지날수록 당연시되었던 차별들은 점차 사라지고 있습니다. 사람들은 자신이나 다른 사람이 차별받는 것을 목격하면 감정

변화를 일으킵니다. 물론 지금도 신분제도와는 또 다른 권력의 피라미드가 사회 전반에 깊숙이 존재합니다. 다수에 대한 소수의 수적 열세도 적잖은 영향을 미치고요. 그와 반대로 차별이 심해지는 분야도 있어요. 특히 경제적 능력에 따른 차별은 금수저, 은수저, 흙수저로 불리는 새로운 신분구조를 만들었어요. 빈부격차로 인한 경제 서열화가 새롭게 자리 잡은 거예요. 앞으로 살펴볼 우리 사회 속 차별의 모습들과 큰 연관이 있습니다.

앞으로 그 모습들을 천천히 살펴볼 거예요. 여러 이야기들 중에는 여러분이 그동안 알고 있었던 차별의 모습도 있을 것이고, 새로운 차별의 시각으로 바라보게 된 사례도 있을 거예요. 익숙하든 그렇지 않든 이 책만으로는 역사와 사회 속에 존재하는 차별을 모두 담을 수 없습니다. 차별을 인식하는 방법을 알고, 새로운 차별의 모습을 찾아내는 것은 여러분의 몫입니다.

자, 이제 차별의 감수성을 돋보기 삼아 여러분 주변을 꼼꼼하게 들여다볼까요?

3

이중적인
법의 실체

사회가 진화함에 따라 누구에게나 공평하고 만족스러운 법이란 있을 수 없어요. 혜택을 받는 쪽이 있다면 손해를 보는 쪽이 있기 마련입니다. 누구나 포도를 받을 수 없다면, 어떤 사람에게 포도를 줄지, 누구나 인정할 만한 기준을 세워야 합니다. 또한 양쪽의 차이를 줄이려는 노력 역시 함께 필요합니다. 가장 중요한 원칙은 공평한 사회를 바라는 존엄한 인간이 중심에 서야 하고요. 공정하고 건강한 사회를 만들고 유지하는 데 필수 불가결한 법. 차별의 감수성을 가지고 세심하게 들여다보도록 하겠습니다.

규칙은 왜 필요할까?

여러분은 규칙을 잘 지키나요? 지켜야 하는 수많은 규칙들을 두고 "왜 그렇게 해야 하죠? 누가 그렇게 해야 한다고 정한 거죠?"라는 질문을 가져본 적은 없나요? 규칙을 수동적으로 받아들이던 내가 능동적인 참여자로 바뀌게 되는 시기가 있습니다. 현실과 이상의 차이를 겪으며 미성숙한 자아가 온전하게 완성되는, 이른바 사춘기를 겪는 것이죠. 이때만큼 감수성이 예민한 적도 없어요. 모든 것에 의문이 들고, 어른들은 사소하다고 생각하는 것이 크게 느껴지기도 합니다. 차별에 대한 생각 또한 그래요. 감정과 인식의 틀이 말랑하기 때문에 10대들의 차별에 대한 감수성은 일반적인 성인에 비해 훨씬 예민하게 반응할 수밖에 없습니다.

인간은 이기적인 동물이에요. '나'라는 자아가 있어 '너'라는 상대가 생깁니다. '나'를 인정하고 사랑해야 '너'와의 관계가 건강해집니다. 사회화가 진행될수록 '나'의 생존만큼이나 '너'의 생존이 중요해집니다. '나'라는 인간들이 모여 만든 '우리'라는 사회가 안전하게 유지되기 위해서는 '규칙'이 필요합니다. 나의 생각만 주장하다 보면 반드시 누군가와 부딪히게 될 테니까요.

작은 파도나 충격에도 잘 무너지는 모래성이 튼튼하게 버티고 서 있으려면 몇 가지 조건이 필요합니다. 쌓을 때 모래와 물을 적절히 섞어 단단하게 지어야 하고, 높이 올리기 전에 기초를 튼튼하게 다져야 하지요. 이 조건에서 하나라도 어긋나면 공들여 쌓은 모래성이 한순간에 와르르 무너지고 말 거예요. 우리가 지키는 무수히 많은 규칙들은 사회를 모래성처럼 무너지지 않도록 튼튼하게 만들고 있어요. 규칙에 따라 행동하면 서로 맞닿아 부딪히던 부분들이 톱니바퀴처럼 맞물려 돌아갈 수 있습니다.

법은 꼭 필요할까?

사람이 살아가는 데 필요한 크고 작은 규칙들은 타인이 정한 것부터 내가 정한 것까지 일일이 열거하기 힘들 정도로 많습니다. 오늘도 여러분은 등교시간을 지키고, 신호등에 초록불이 들어오면 움직이며 다른 사람과 한 약속을 지키려고 노력합니다. 규칙 중에는 어기면 제재를 받는 강제성을 갖는 것도 있습니다. 우리는 이런 규칙을 '법'이라고 하지요.

법을 어겼을 때에는 문제가 된 행동에 대해 미리 약속되어 있는 벌을 받습니다. 똑같이 법을 어긴 A와 B 중 A만 벌을 받았다면 불공평하다고 생각할 거예요. 정해진 규칙에 이중 잣대를 대고 판단했기 때문입니다. 이런 일이 반복된다면 항의하는 사람이 반드시 생길 겁니다. 만일 이런 항의에도 아랑곳하지 않고 권력자가 마음대로 규칙을 적용한다면 아무리 작은 사회라 할지라도 무너질 수밖에 없겠지요. 그렇기에 법은 반드시 '객관적이고 보편적'이어야 합니다. 그렇지 않다면 법의 강제성을 그 누구도 인정하지 않을 거예요.

그리스 신화 속 정의의 여신 디케는 인간 세상에서 재판을 할 때 눈을 가리고 있습니다. 법을 집행할 때에는 객관성을 유지해야 하고, 그 누구의 편도 들지 않음을 보여주기 위함이죠. 하지만 현실 속 정의의 여신은 과연 자신의 편견을 버리고 공평한 판결을 내리고 있을까요?

법은 누가 정하는 거지?

누구든 따라야만 하는 법은 누가 만들까요? 바로 권력을 가진 사람들입니다. 과거 왕정시대에는 왕이 그랬고, 지금은 시민들에게 권력을 위임받은 국회의원이 만들고 있습니다. 법을 만든다는 건 사회를 내가 원하는 방향으로 흘러가게 할 수 있다는 것입니다. 그러다 보니 누구나 권력을 원합니다. 선거철마다 당선되기 위해 정치인들이 안간힘을 쓰는 것도 이 때문이죠. 반대로 권력자들이 만들기 때문에 법의 권위가 세워지기도 합니다. 만일 평범한 시민인 A씨가 자신이 만든 법을 사람들에게 지키라고 합니다. 생전 처음 보는 A씨의 법을 따르는 사람이 과연 몇이나 될까요? 아마도 거의 없을 겁니다. A씨의 법이 사람들에게 인정받을 만한 근거가 없기 때문입니다. 법의 종류가 '헌법-법률-명령-조례-규칙'의 순서를 가진 것도 그 법을 만든 기관이 누구냐에 따라 정해진 겁니다. 그만큼 법을 만드는 주체도 매우 중요합니다. 법을 만들 수 있는 국회의원을 국민의 손으로 직접 뽑는 이유가 바로 여기에 있습니다.

과거에 권력을 독차지하고 있던 왕을 떠올려 봅시다. 왕이 무소불위*의 권력을 휘두를 수 있었던 이유는 모든 질서와 규칙의 뼈대가 되는 사회적 가치를 독차지하고 있었기 때문입니다. 사회적 가치는 그 시대에 가장 중요하게 생각하는 것을 말합니다. 과거 왕들은 자신이 곧 신이라고 믿고 있는 백성들을 자신이 만든 법을 통해 다스렸습니다. 그래야 왕의 권력을 높고 단단하게 쌓을 수 있기 때문이에요.

국가란 무엇인지에 대해 적고 있는 토머스 홉스Thomas Hobbes

• 하지 못하는 일이 없음.

의 유명한 저서인 《리바이어던 Leviathan》의 표지에는 왕의 모습을 한 리바이어던이 오른손에는 칼을, 왼손에는 사제의 지팡이를 들고 있습니다. 이 그림은 사회적 가치를 장악하고 통제하는 절대 왕권을 상징하지요. 왕의 말이 곧 법이던 시절의 이야기입니다. 신과 같은 왕의 법을 따르는 백성들은 차별이라는 말 자체를 떠올리지 못했어요. 절대자인 왕이 존재

그림 1. 홉스의 《리바이어던》 표지

하는데 그와 같은 선상에 놓여 평등을 주장한다면 반역죄를 저지르는 셈이니까요. 아주 드물게 타고난 신분을 거부하고 자유롭고 평등한 세상을 꿈꾸던 이들도 더러 있었지만, 그들의 끝은 비참한 최후였어요. 그렇다고 그 죽음이 헛되지는 않았습니다. 그들이 있었기에 지금 우리가 인류 역사상 가장 평등한 시대를 살 수 있게 되었으니까요.

왕이 만든 법은 무조건 권력자만을 위해 존재할까요? 그렇지는 않아요. 왕이 다스리는 나라에는 귀족들 외에도 사회 다수였던 평

그림 2. 함무라비 법전 고대 바빌로니아의 제6대 왕 함무라비가 만든 성문법으로, 왼쪽 사진에는 신에게 법전을 받는 왕의 모습이 새겨져 있다.

1조 어떤 사람을 살인죄로 고발하고 그 증거를 대지 못하면, 고발한 사람을 죽인다.

196조 평민이 귀족의 눈을 쳐서 다치게 했으면, 평민의 눈도 다치게 해야 한다.

198조 귀족이 평민의 눈을 다치게 했거나, 뼈를 부러뜨렸으면 그는 은 500그램을 주어야 한다.

199조 귀족이 노예의 눈을 다치게 하였거나 노예의 뼈를 부러뜨렸으면 그는 노예 값의 반을 주인에게 물어야 한다.

215조 의사가 수술을 성공하였으면 환자의 신분에 따라 치료비를 요구할 수 있다. (높은 신분의 환자에게 더 많은 치료비를 요구할 수 있다.)

218조 의사가 수술을 하다가 큰 상처를 내거나 환자를 죽게 하였으면 의사의 손목을 자른다.

229조 건축가가 다른 사람의 집을 지었는데, 잘못 지어 집이 무너져서 집주인을 죽게 했다면 그 건축가를 죽여야 한다.

230조 건축가가 집주인의 아들을 죽게 했다면 건축가의 아들을 죽여야 한다.

범한 백성들이 있기 때문이에요. 당시 법은 사회적 약자에 대한 최소한의 차별 금지법 정도의 성격을 가지고 있습니다.

세계 최초의 성문법이었던 함무라비 법전을 살펴봅시다. 평민, 귀족이라는 말이 나오는 것을 보니 차별적인 신분사회였군요. 하지만 그 내용을 보면, 신분에 따라 사회적으로 차별 받을지라도 신분이 낮은 사람이 억울한 일을 당한 것에 대한 법적인 차별만은 줄여주었다는 것을 알 수 있어요. 귀족이 평민의 눈을 다치게 하면 돈으로 배상하도록 강제했으니까요. 만약 이런 법조차 없었다면 신분이 낮은 사람들은 억울한 일에 대한 보상조차 받지 못했을 겁니다. 이것이 바로 법이 가진 힘입니다. 이 힘 덕분에 사회에서 약속된 것보다 더 가혹한 차별을 막아주는 방패의 역할을 해주었습니다.

법은 누구에게나 공정할까?

사람들은 법을 인간의 행동을 평가하는 가장 객관화된 기준이라고 생각합니다. 강제성을 가지고 있기 때문에 벌을 받는 사람과 주는 사람이 누구냐에 따라 휘둘리지 않는 객관적인 지표가 되어야 하지요. 여기서 또 다른 질문이 나올 수 있겠네요. 과연 법은 객관적일까요?

신분제도가 있었던 절대왕정 시대에는 법이 객관성을 가지기 어려웠습니다. 신분제도 아래에서 법이 세워졌기 때문에 낮은 신분의 사람들이 높은 사람보다 차별적이라고 느낄 만한 법들이 많았습니다.

그럼 현대 사회에서 만들어진 법은 공정할까요? 법이 공정해지려면 누구나 인정할 수 있는 객관성을 가지고 있어야 합니다. 그럼 객관적이라는 것은 무엇일까요? 일반적으로 과학적인 증명을 통해 예외가 없다는 것이 데이터로 축적되면 객관적인 사실로 받아들입니다. 하지만 과학과 달리 정확하게 수치를 잴 수 없는 사회에서는 불가능한 일이지요. 객관성 쪽으로 가기 위한 방법은 사람들의 주관적인 의견들이 서로 중첩되어 누구나 인정하는 사회적 사실로서 개인적인 영역을 떠날 때 가능합니다.

프랑스의 사회학자 에밀 뒤르켐Emile Durkheim이 1897년에 발표한 《자살론》을 예로 들어볼게요. 그는 원인에 따라 자살의 유형을 크게 네 가지로 구분하고, 사회구성원들이 얼마나 통합되었느냐에 따라 각 나라의 자살 유형이 다르게 나타난다고 주장했습니다. 지극히 개인적인 행위인 자살의 원인을 조사하여 데이터를 쌓고, 사회와의 관계를 찾아 객관적인 이론을 만들었습니다. 사회 속에서 객관성을 어떻게 얻는지 이해하는 데 도움이 되었나요?

주관적인 개인의 행동을 제재하기 위해 만들어진 법 역시 객관성과 주관성 그 어느 사이에 있습니다. 주관보다는 객관 쪽에 가까울 때 우리는 상대적으로 객관적이라는 말을 할 수 있지요. 법을 만들 때에도 최대한 객관적인 기준을 정하기 위해 개인이 독단적으로 정하는 것이 아니라 여러 사람이 모여 집단지성의 결과물로 만들어집니다. 많은 사람들의 목소리를 담은 합의로 최대한 객관성을 부여받았기에 객관화된 주관성을 가지는 것이지요. 지금의 법은 왕과 같은 존재에 의해 뚝딱뚝딱 만들어지는 것이 아니라 많은 사람들의 토론과 합의 끝에 탄생했어요. 과거 절대왕정 시대와 달리 현대의 법률이 더 객관성을 띠고 있는 이유이기도 하지요.

법의 객관성은 그 기능에 따라 부여된 이미지 탓도 큽니다. 사람들의 행위를 강제하기 때문에 최대한 주관성을 버리고 객관화된 중립적인 모습을 하고 있어야 합니다. 법전에 쓰인 조문들도 중립성을 보장하는 듯 보이지만 그것을 만든 것도, 법에 따라 판단을 하는 것도 모두 인간이에요. 그러다 보니 유권해석*, 행정해석**처럼 같은 법조문을 두고도 저마다 해석이 다를 때도 있습니다. 사람이 만든 법의 뜻과 가치를 또 다른 사람들이 상황에 맞게 해석하기 때문이에요. 갈등이 발생하면 사람들은 법을 기준으로 어떤 가치가 더 우위에 있느냐를 따집니다. 그 결과 승자와 패자, 즉 이익을 받는 자와 불이익을 받는 자가 생길 수밖에 없지요. 공정할 수 없는 법이 공정해보여야만 하는 이유는 법을 지키는 사람들이 차별받지 않는다고 느끼게 해야 하기 때문입니다.

법이 차별을 합법화했다면?

제1조 ○○의 법률은 헌법에서 규정되고 있는 절차 외에 ○○ 정부에 의해서도 제정될 수 있다.

제2조 ○○ 정부에 의해 제정된 법률은 헌법과 다른 규정을 둘 수 있다.

제3조 ○○ 정부에 의해 제정된 법률은 총리에 의해 작성되어 공포된다.

제4조 ○○과 외국과의 조약도 입법에 영향을 미치는 기관들과 합의를 필요로 하지 않는다.

....

• 국가기관에서 행해지는 구속력 있는 법의 해석으로 강제적 해석이라고도 불린다.
•• 유권해석의 한 형태로, 행정기관에 의한 법의 해석을 말한다.

위의 법 조항에 대해 어떻게 생각하시나요? 공정한 법인 것 같나요? 위의 법 1~4조에 나온 정부는 법을 집행하는 기관입니다. 정부는 법을 집행할 뿐 만들 수 없지요. 하지만 위에 나온 법 조항들은 정부의 입법을 법으로 보장하고 있어요. 즉 정부에 권력이 집중되어 있는 것이죠.

권력은 커지면 커질수록 남용되기 마련입니다. 누군가의 욕심을 채우기 위해 필요 이상으로 커진 권력은 마구잡이로 이용됩니다. 민주주의를 잘 이끌어 나갈 기본 원리 중에 권력 분립의 원칙이 있습니다. 권력의 횡포를 견제하기 위해 국가권력을 독립된 기관이 나누어 맡도록 하는 것입니다. 우리나라를 비롯한 대부분의 민주주의 국가들은 법을 만드는 입법부, 법을 집행하는 행정부, 법으로 심판하는 사법부로 나누고 있습니다. 권력이 나눠지지 않았다면 권력자의 입맛에 맞는 법을 제정하고 시행하여 처벌하는 현대판 절대 왕이 탄생할 겁니다. 법이라는 제도의 틀 안에서 겉으로는 그럴싸하게 법치주의를 표방하고 있지만 국민의 기본권은 지켜지지 못할 것이 분명해요.

위에서 보여준 법 조항은 독일 나치 정권에서 만든 법으로 '제5조 1937년 4월 1일까지 효력을 발휘한다.'로 끝을 맺습니다. 당시 히틀러가 이끄는 독일 정부는 이 수권법*을 토대로 의회로부터 입법권을 위임받아 합법적으로 잔혹하고 끔찍한 일을 저지르게 됩니다. 입법권을 손에 쥔 히틀러는 1933년에 우생학**을 근거로 열등한 유전자를 가졌다고 판단한 사람들이 아이를 낳을 수 없도록 단종 수술을 강행하는 〈유전질환 자녀 출산 금지법〉(일명 단종법)을 만들었어요. 이 법에 따라 40만여 명이 단종 수술을 받았고, 10만여 명이 안락사되었지요. 단종법을 토대로 1935년에는 독일시민법과 순혈보호법(뉘른베르크법)을 공포하여 유대인들의 시민권을 박탈하고, 유대인과 독일인의 결혼을 금지했습니다. 인류 보편적인 가치인 인간 존엄성을 묵살하는 매우 합법적인 홀로코스트가 시작된 거예요. 그렇게 이 법은 대표적인 악법으로 역사에 남았습니다.

악법도 법일까?

그럴싸한 모습을 갖추고 있지만 내용이 정의롭지 못하고 법으로서 정당성을 잃어버리게 되면 '악법'이라는 오명을 얻게 됩니다.

---

* 행정부에 법률을 정립할 수 있는 권한을 위임하는 법률.
** 1883년 영국의 프랜시스 골턴이 창시한 학문.

악법도 형식상 법이 지녀야 할 조건들을 갖추고 있어 쉽사리 바꾸거나 어길 수는 없어요. 내용이 어찌되었든 법의 형태로 다스린다면 법치로 볼 수 있으니까요. 불공정한 왕이 아닌 공정한 법이 다스리는 법치주의도 오류가 발생할 수 있습니다.

법의 존재 이유는 그 법을 지키고 살아가는 사람들의 인간 존엄성을 지키기 위함입니다. 그렇다면 악법도 법이 맞을까요? 과거에는 그렇다고 생각한 때도 있었습니다. 히틀러의 수권법처럼이요. 하지만 악법이라도 지켜야 한다고 생각했던 사람들의 생각이 바뀌게 된 계기가 있어요. 바로 제2차 세계대전입니다.

수권법을 행사한 히틀러는 무고한 사람들의 인권을 짓밟았어요. 사람들은 법이란 이름으로 짓누르는 악법을 곧이곧대로 따를 수밖에 없었습니다. 역사상 최악의 인권 유린을 겪으면서 사람들은 법의 본질에 대해 고민했습니다. 그 덕분에 지금은 의회가 제정한 법률에 근거하여 국민의 자유와 권리를 제한한다는 형식적인 문제는 물론이고, 인간 존엄이라는 본질적인 내용을 침해할 수 없다는 실질적 측면에서의 정의까지 추구하고 있습니다. 진정한 의미의 법치주의가 실현되었지요.

우리 헌법에서 이런 특징을 찾아볼까요?

우리 헌법 제37조는 형식적 법치주의는 물론 실질적 법치주의를 담고 있습니다. 과거에는 히틀러처럼 잘못된 길을 가는 이들에 의해 진실을 가리기 위한 도구로 법이 이용되기도 했습니다. 하지만 과오를 반성하면서 법은 우리 곁에서 살아 숨 쉴 수 있게 되었습니다.

법도 진화하고 있다!

시간이 지나면서 법도 변하기 마련입니다. 사회가 변하기 때문이지요. 변하지 않는 법은 그저 먼지가 잔뜩 묻은 유물일 뿐이에요. 21세기를 사는 우리에게 조선의 《경국대전》을 지키라고 한다면 황당한 일이 아닐 수 없습니다. 지금도 법은 시대의 흐름에 따라 변하는 국민들의 법의식을 반영하여 끊임없이 변하고 있습니다.

2000년에 폐지된 동성동본 금혼제는 두 사람이 아무리 사랑해도 아버지의 성과 본이 같으면 조상이 같다는 이유로 혼인을 금지했습니다. 어머니 쪽으로는 4촌만 넘으면 혼인할 수 있었기에 남녀평등에 위배되는 대표적인 법령이었죠. 2005년 폐지된 호주제도 마찬가지입니다. 1948년 만들어져 나라를 통치하는 근본이 되는 규칙인 우리의 헌법도 1952년 1차 개헌 이후 1987년 9차까지 시대의 흐름에 따라 수정되어 왔습니다.

법이 처음 만들어질 때 공평하게 만들면 개정하는 수고를 덜 수 있지 않을까요? 그러면 법으로 인해 차별받는 사람들의 고통도 훨씬 줄일 수 있을 거예요. 하지만 차별은 특정 행위를 지칭하는 것이 아니라 상대에게 차별받고 있다는 감정을 일으켰을 때 일어납니다. 같은 행위일지라도 과거에는 일반적이었지만 시대가 지나면서 차별적으로 다가오기도 합니다. 차별에 대한 인식 역시 시대에 따라 변화해 왔기 때문이지요.

애당초 고정되어 불변하는 법은 만들어질 수 없습니다. 지금의 법이 우리 사회를 최대한 평등하게 유지하는 데 도움이 되는지 늘

점검하고 수정하려는 노력이 필요합니다.

우리가 해야 할 일은 차별이 없는 법을 만들기 위해 우리 사회에 무엇이 필요한지 끊임없이 성찰하고 건강한 여론을 형성해 나가는 것이지요. 항상 입법자들이 법을 만드는 과정을 지켜보고 사회에 어떤 영향을 미치는지 날카롭게 지켜봐야 합니다. 여러분의 감시가 사회 혼란의 원인이 될지 모르는 차별적인 법을 사전에 막을 수 있으니까요.

그들만의 리그가 따로 있다니!

2017년 10월 1일 미국 네바다주 라스베이거스에서 괴한이 콘서트장을 향해 총기를 난사하여, 무려 59명의 사상자와 851명의 부상자를 발생시킨 사건이 있었습니다. 미국인은 물론 전 세계인이 경악을 금치 못했던 이 총기난사 사건으로 인해 많은 사람들이 총기를 규제해야 한다고 주장했죠. 하지만 현실은 반대였습니다. 대부분의 주州에서 공공장소에서 총을 휴대하기 쉽도록 총기 권리를 옹호하는 정책들이 나왔죠. 바로 미국 정치판을 움직이는 거대 로비 단체인 미국총기협회NRA의 압력 때문입니다. 협회의 로비와 함께 스스로를 지키기 위한 미국인들의 구입 의사까지 더해져 총기 판매량은 해마다 늘고 있다고 합니다. 누구나 다 총을 가지고 있기 때문에 당장 필요하지 않더라도 유사시를 대비해 구입하는 것이죠.

미국총기협회는 1865년에 끝난 남북전쟁 이후 민간인의 총기 소지를 금지하려는 움직임에 반발하면서 1871년에 조직된 단체입니다. 총기 판매량이 떨어질 것을 우려해 자신들의 이익을 보호하기 위해 만들었지요. 150년이 지난 지금은 막대한 자금력을 가지고 정치권에 큰 영향력을 미치는 이익단체가 되었습니다.

자신들의 이익을 위해 뭉친 이익단체는 입법이나 정책결정 과정에서 유리한 결과를 얻기 위해 정치적 압력을 행사한다고 하여 압력단체라 불리기도 합니다. 이들은 정치인에게 압력을 행사한 뒤 사회 전체의 이익과는 거꾸로 가는 법의 탄생을 뒤에서 지켜봅니다.

우리나라에도 다양한 이익단체가 존재합니다. 이익단체들은 자신들의 이익과 관련된 일이라면 열심히 싸웁니다. 이들에 의한 로비가 미국처럼 수면 위로 드러나지 않았을 뿐, 국회의 입법 과정에 조용히 압력을 행사하기도 하지요.

2012년 안전상비의약품의 약국 외 판매와 관련된 약사법이 개정되었습니다. 그 결과 편의점에서 쉽게 감기약, 해열제, 소화제 등을 구입할 수 있게 되었죠. 하지만 국회 입법 과정에서 국민건강 정책에 위배된다는 이익단체의 압력으로 인해 구입 가능한 약의 품목과 점포에 한계를 두는 등 여론을 충분히 반영하지 못하는 결과를 초래하기도 했습니다.

시간이 갈수록 세분화된 영역에서 사회집단이 만들어지고 있습니다. 자연스럽게 원하는 이익이 서로 겹치는 집단들도 생겨나고 있죠. 그러면 특정인들의 이익을 위한 움직임이 더욱 조직화될 것입니다.

여러 이익집단들 간 힘의 대결 속에서 법안이 이리저리 살이 뜯겨져 뼈만 앙상하게 남을 수도 있습니다. 그 결과가 세력을 만들지 못한 사람들에게는 차별로 다가올지 모릅니다. 공익을 위해 존재하는 법이 사익 추구에 이용된다면 합법이라는 이름으로 차별을 눈감아 주는 잘못을 저지를 수도 있는 겁니다.

법치주의 사회에서 행위의 기준으로 제시되는 법의 위력은 막강합니다. 법은 사회를 반영하고, 이를 어기면 벌을 받는 것이 당연합니다. 그 기준이 객관적이라고 믿으니까요. 하지만 실상은 입법 과정부터 수많은 정치 행위자들의 입김이 작용하고 있습니다. 따라서 우리가 관심을 가지고 스스로 여론을 주도할 때 특정인들의 이익이 아닌 모든 사람들에게 공정하고 투명한 법이 만들어질 수 있을 것입니다.

4

세계 속 차별

19세기 영국은 해가 지지 않는 나라로 불렸습니다. 어떻게 해가 지지 않았을까요? 지구 반대편에 영국의 식민지인 인도가 있었는데 영국이 밤이되면 인도는 해가 뜨는 낮이 되기 때문이었죠. 해가 지지 않는 나라 대영제국. 이 말이 멋있게 들리나요? 영국에 의해 무참히 짓밟힌 나라들도 같은 생각이었을까요?

제국주의와 식민지

19세기 후반, 산업혁명을 거친 영국을 비롯한 많은 서양 열강들은 식민지 쟁탈에 열을 올리고 있었어요. 자본주의가 급속하게 발전함에 따라 국내에서는 더 이상 높은 수준의 발전을 기대하기 어려웠거든요. 더 높은 수익을 올리기 위해 식민지를 건설하여 원료를 값싸게 가져오고, 본국에서 만든 상품을 다시 수출하여 판매하였습니다. 그렇게 제국주의가 시작되었어요. 경제적·문화적인 힘을 이용하여 폭력적으로 식민지를 넓혀나갔죠.

1859년 찰스 다윈은 그의 책 《종의 기원》에서 생존 경쟁을 통해 선택받은 생물이 진화를 결정한다고 주장했습니다. 이 이론은 제국주의자들의 입맛에 맞게 요리되어 식민지 착취에 대한 과학적 근거가 되었습니다. 그들은 인간 사회 역시 살아남기 위한 경쟁이고, 결국 경쟁에서 살아남은 사람들만이 사회를 발전시킨다고 주장했지요. 지금은 국제사회에서 약자에 대한 배려를 당연한 가치로 생각하지만 제국주의 시대에는 그렇지 않았습니다. 영국 제국주의의 열렬한 신봉자였던 세실 로즈Cecil Rhodes*는 "앵글로색슨족이 세계의 일등 인종이며, 영국이 지배하는 나라가 많아질수록 그 나라가 행복할 것이라고 믿는다."라고 말했어요. 약한 자는 강한 자의 지배를 받아들여야 미개한 생활에서 벗어나 발전할 수 있다며 제국주의적 식민 지배를 강요했습니다.

....

* 영국의 아프리카 식민지 정치가.

제국주의의 최대 피해자: 흑인 노예들

　제국주의 시대에 유럽을 제외한 많은 지역들이 고통을 겪었는데 그중 아프리카는 가장 비극적인 운명을 맞았습니다. 아프리카는 경제적 착취를 받은 것은 물론 인간 사냥까지 당해야 했지요.

　아프리카의 대자연에서 자유롭게 살던 사람들은 단지 흑인이라는 이유만으로 배에 실려 세계 여러 나라의 노예로 팔려나갔습니다. 아프리카에 도착한 유럽인들은 그 지역 권력자에게 자신들이 만든 공산품을 쥐어주고 흑인을 마음대로 잡아갈 수 있는 권리를 받았습니다. 노예 무역상들은 사냥한 흑인들을 한 명이라도 더 많이 태우기 위해 목과 발을 쇠사슬로 묶어 선실 내부에 포개진 상태로 실어 날랐습니다. 아프리카에서 대서양을 건너 아메리카로 가는 두 달 동안 노예들은 옴짝달싹 할 수 없는 공간에서 강제적으로 넣어주는 음식을 먹으며 비위생적인 환경 속에서 심한 학대를 받았습니다. 오죽하면 도착도 하기 전에 6분의 1 정도가 죽었을까요.

　아메리카 대륙에 도착한 그들은 상품처럼 거래되었습니다. 노예들을 사고팔던 시장은 소를 거래하는 우시장과 다를 바 없는 모습이었지요. 근육과 몸무게, 나이에 따라 각 노예들의 가격이 매겨지고 여느 시장처럼 상인들의 흥정이 오고갔습니다. 노예무역을 통해 아프리카에서 끌려간 흑인의 수가 무려 1500만 명이 넘었다고 합니다. 죽을 고비를 넘기며 도착한 땅에서는 더 혹독한 삶이 기다리고 있었습니다. 하루 18시간 이상 휴일도 없이 과중한 노동에 시달렸지요. 도착한 첫해에 3분의 1 정도가 사망하는 비참한 생활을 하였습니다.

유럽인들이 노예를 어떻게 생각했는지 단적으로 보여주는 사례가 있습니다. 1791년에 일어난 '종 호 학살Zong massacre' 사건입니다. 출항할 당시 '종' 호에는 442명의 노예가 타고 있었습니다. 하지만 도착할 때에는 208명만이 살아남았죠. 한번 출항할 때 많은 비용이 소요되기 때문에 선주는 한 명이라도 더 많은 노예를 싣기 위해 과적의 위험을 감수했습니다. 포화 상태로 출항한 종 호는 설상가상으로 항해 실수로 인해 도착 날짜가 지연되자 식수가 부족해지게 되었습니다. 그러자 노예 무역상들은 142명의 노예들을 바다에 내던졌습니다. 그들은 왜 살아있는 노예를 바다에 던졌을까요? 바로 돈 때문이었습니다. 당시 보험 계약에 노예가 자연사할 경우 보험금이 지급되지 않지만, 화물이 바다에 빠져 분실될 경우 배 주인과 보험사가 공동으로 부담하도록 되어 있었기 때문입니다. 이 계약에 따르면 배 위에서 죽은 노예는 보상을 받지 못하지만, 바다에 빠진 노예는 50퍼센트를 보상받을 수 있다는 얘기입니다. 즉 그 당시 노예는 사람이 아니라 화물로 취급되었다는 것을 알 수 있습니다. 그들이 바다에 던진 것은 사람이 아니라 그저 화물이었던 것이죠. 이후 노예 살인사건으로 재판이 청구되었습니다. 1차 재판을 담당하였던 재판장 윌리엄 머리William Murray는 "사건이 몹시 충격적이긴 하나 노예 관련 사건은 의심할 여지없이 말을 바다에 던진 것과 같다."고 하여 살인사건이 아니라고 판결하였습니다.

이 사건을 계기로 영국에서 노예 폐지 운동이 촉발되었습니다. 많은 사람들의 노력 끝에 영국과 미국은 1807년 노예무역 금지법이 의회에 통과되었고, 1833년에 노예제도를 철폐했습니다. 인간이 만들어낸 비인간적인 노예제도는 결국 또 다른 인간의 손에 의해 사라졌답니다. 하지만 그 이후에도 인종 간의 차별적인 대우가 사라지기까지 기나긴 시간이 필요했답니다.

인종에 대해 논하다!

19세기 초반 영국에서는 '호텐토트의 비너스'로 잘 알려진 흑인 여성인 사르키 바트만Saartjie Baartman의 전시회가 있었습니다. 아프리카 남부에 살던 호텐토트족* 여성들은 유전적으로 엉덩이가 커지는 특징을 가지고 있습니다. 이런 신체적 특징을 신기하게 여

• 원래 명칭은 사람이라는 뜻의 '코이코이'족이지만, 말더듬는 사람이라는 뜻의 '호텐토트'족으로 불림.

긴 한 영국인은 돈을 벌 목적으로 케이프타운에 있던 사르키를 몰래 데리고 본국으로 밀항했습니다. 런던에 도착해서 죽기 직전까지 5년간 각종 쇼와 전시회에 살아있는 전시물로서 그녀는 구경거리가 되었습니다. 심지어 죽은 후에는 연구용으로 해부된 뒤 박제되어 전시되었습니다. 살아있을 때는 물론 죽어서까지도 그녀의 인간 존엄성은 무참하게 짓밟혔습니다. 187년이라는 긴 기간 동안 파리의 인류학박물관에 전시되었다가 2002년 남아프리카공화국의 넬슨 만델라 대통령과 국제 인권단체의 노력으로 고향으로 돌아갈 수 있었지요. 타 인종에 대한 호기심이 가져온 말도 안 되는 참극이 역사에 남았습니다. 사르키 바트만 이외에도 20세기 초까지만 해도 미국에서는 외모가 특이한 흑인이나 원주민들을 박람회와 동물원에 전시했습니다. 제국주의와 인종주의가 지배적이었던 그 당시에는 지금은 상상할 수도 없는 '사람 전시회'에 수많은 구경꾼들이 몰렸습니다.

여러분은 인종이라는 말을 자주 쓰나요? 인종은 사람들을 분류하는 고유의 특징일까요? 생물 분류 단계 중 가장 기초 단위를 '종species, 種'이라고 합니다. 인간은 '사피엔스종'에 속해요. 우리가 흔히 사용하는 '인종'이란 단어는 생물 분류 체계에는 존재하지 않습니다. 피부색에 따라 흑인종, 백인종, 황인종으로 구분하는 인종은 각자의 생존 환경에 적합하게 진화했을 뿐 유전적으로 별 차이가 없습니다. 인종을 분류하는 기준에는 피부색이나 골격 이외에 사는 지역과 문화도 들어가기 때문에 사회·문화적 분류라고 할 수 있습니다.

최근 많은 나라에서 인종의 개념을 지우고 있습니다. 과거처럼 사람들이 한곳에서만 사는 것이 아니므로 인종 구분이 더 이상 의미가 없어졌어요. 부정적인 의미를 담고 있는 단어로 낙인찍히기도 했고요. 우리가 속해 있다고 생각하는 황인종에도 매우 다양한 사람들이 포함됩니다. 말 그대로 피부색이 황색인 사람을 황인종이라고 한다면 어디부터 어디까지를 황인종으로 볼 것인지는 참 어려운 문제입니다. 인간의 피부색을 딱 3가지로 나눌 수는 없으니까요.

브라질계 사진작가 안젤리카 다스Angélica Dass의 대표작인 〈휴마네Humanae(인간)〉는 피부색에 의한 인종 구분이 얼마나 어리석은지 꼬집고 있습니다. 〈휴마네〉는 전 세계 사람들의 피부색을 150개의 코드로 나누어 세계적인 색채회사 팬톤의 컬러 차트와 조합했습니다. 이 작품에 의하면, 전 세계에는 150종 이상의 살색이 존재합니다. 살색이라 불리는 색이 많으니 어떤 것을 살색으로 해야 할지 모르겠네요. 과거 우리가 살색이라 불렀던 색도 이제는 살구

색이라는 이름으로 바뀌었습니다.

황인종에 속해 있는 사람 중에는 백인 또는 흑인에 더 가까운 사람이 있습니다. 피부색을 기준으로 특정 인종에 묶인 사람들 중에는 의식체계와 생활방식이 다른 인종에 가까운 사람도 있기 때문입니다. 이제 인종에 대한 구분은 전혀 의미가 없어졌어요.

2000년 인간 게놈 프로젝트HGP의 인간 염기서열 해독 결과, 인간의 DNA는 겉으로 보이는 것과는 다르게 99.9퍼센트 일치하는 것으로 나타났습니다. 21세기 과학에서 '인종은 없다.'고 선언했지만, 아직도 세계 곳곳에서 인종이라는 단어가 사용되고 있습니다.

우리나라는 인종 차별에 대한 감수성이 상대적으로 낮은 편입니다. 피부색이 다른 사람을 호기심 어린 눈으로 쳐다보던 시대는 지났지만, 선호하는 인종이 있는 것은 사실입니다. 다양한 문화적 배경을 가진 사람들이 한데 모여 사는 나라에서는 인종에 따른 분류가 곧 차별로 생각되어 인종과 관련된 말을 금기시하고 있습니다. 인종이란 굴레 속에서 오랜 시간, 차별과 반격을 반복한 사람들의 슬픈 역사를 되풀이하지 않기 위해 노력을 기울이고 있는 거죠.

열등한 유전자를 없애라

1883년 영국에서는 인간을 유전적으로 개량하기 위해 우생학이라는 학문이 만들어집니다. 창시자인 프랜시스 골턴Francis Galton은 그의 사촌 찰스 다윈의 《종의 기원》에서 영향을 받아 선택적인 출산을 통해 인류를 개선할 수 있다며 우생학의 목적을 밝혔습니다. 제국주의 시대를 거치며 인종적으로 우수하다고 스스로 인정한 유럽인들은 그들 내부에서 또 다시 우생학으로 인간을 나누고 차별을 자행했습니다. 물론 지금은 전혀 과학적이지 않고 차별적인 역사로 인식하지만, 그 당시에는 통계학적 근거를 가진 과학이라고 생각했지요.

제2차 세계대전 당시, 독일의 히틀러는 우생학을 이용해 아리아인의 우수성을 강조하였고, 이를 유지·발전시키기 위해서는 살아있을 가치가 없는 '불량품'을 제거해야 된다고 주장했습니다. 장애인을 돌보는 데 사회적 비용이 많이 들어간다는 것이 근거 중 하나였습니다. 1933년 단종법에 의해 40만 명 이상이 강제로 불임 시술을 받았고, 1939년 'T4 프로그램'을 통해 장애인과 정신질환자 등의 부적격자에 대한 집단 살인 허가 명령을 내려서 무려 7만 명이상을 강제적으로 안락사시켰습니다. 이후 수백만 명의 유대인을 학살하는 홀로코스트로 이어지게 됩니다.

관심과 배려의 대상이 되어야 할 노약자, 장애인, 저소득층을 전체주의의 이름으로 인권을 짓밟고 희생시켰습니다. 잘못된 사회적 프레임을 바탕으로 우생학이라는 도구가 활용되어 인간이 또 다른 인간에게 얼마나 끔찍한 짓을 할 수 있는지 보여주는 역사적인 비극이 되었지요.

이제 우생학과 인종주의 모두 허상임이 드러났습니다. 제국주의와 전체주의는 제1·2차 세계대전을 끝으로 막을 내렸습니다. 식민 지배를 받던 약소국들도 독립을 하고 스스로 정부를 구성하는 시대가 되었습니다. 전 지구적으로 이루어졌던 무자비한 국가적 차원의 차별은 끝났습니다. 하지만, 과연 그럴까요? 왜 세계에는 아직도 약자의 설움에서 벗어나지 못하는 사람들이 남아 있을까요?

세계화로 인한 문화 차별

이제는 세계화라는 말이 진부하게 느껴질 정도로 전 세계는 하나로 묶이게 되었습니다. 특히 경제·문화적으로 매우 긴밀하게 이어져 있지요. 세계화에 대해 여러분은 어떤 이미지를 떠올리는지

궁금하네요. 아마도 긍정적인 이미지를 가진 사람들이 많을 것으로 생각됩니다.

과거 우리도 세계화에 대해 힘주어 강조하던 시절이 있었습니다. 세계화는 작지만 강한 나라인 한국에게 장밋빛 미래를 가져다주는 좋은 기회로 생각되었지요. 학교에서도 세계화는 시대적인 흐름이며, 우리나라는 물론 인류 전체가 함께 발전할 수 있는 중요한 원동력이라고 가르쳤습니다. 한국은 세계화 시대에 발 빠르게 대처하면서 다국적 기업을 가진 세계 속의 주요 무역대국이 되었습니다. 더불어 통신기술의 발달로 전 세계와 동질적인 문화를 공유하고 있기도 합니다.

세계화는 어떻게 시작되었을까요? 제2차 세계대전이 끝날 무렵인 1944년, 미국 뉴햄프셔주 브레튼 우즈Bretton Woods에서 44개국의 주요 기업인, 경제학자, 정치가들이 모여 망가진 세계경제의 발전을 위한 새로운 경제체제를 논의했습니다. 생산물을 세계 시장에서 판매할 수 있도록 각종 규제를 폐지하여 자유롭게 국제무역을 하면 초고속 성장을 할 수 있다는 세계화 경제 이론을 제시하였습니다. 세계화를 통해 세계경제를 재건하자는 해법은 과거 제국주의를 이끌던 국가들이 내린 결론이었습니다. 우리에게 기회가 되었던 세계화는 한편으로는 경제·문화적 제국주의의 새로운 버전이라고 할 수 있습니다.

미국을 앞세운 서구의 문화가 이제는 제국주의란 과거의 이름을 벗어던지고 '세계화'라는 새로운 옷을 입고 전 세계 이곳저곳에 밀려들어왔습니다. 막대한 자금력으로 저렴하고 질 좋은 상품을 대량 생산하는 다국적 기업들이 급속도로 성장했습니다. 이들 기업으로 인해 우리가 사용할 수 있는 상품의 가짓수는 폭발적으로 증가했습니다. 확실히 그들 덕분에 우리의 식탁과 옷장이 풍성해지고 가격도 저렴해진 것은 사실입니다. 하지만 산업 기반이 약한 개발도상국들은 자국의 기업이 성장할 동력을 다국적 기업에게 빼앗기고 말았지요.

어떤 상품을 소비한다는 것은 단순히 그 물건을 쓰고 마는 것이 아니라 문화도 함께 소비하는 것입니다. 마트에서 콜라를 마시는 것이 식혜를 마시는 것보다 더 익숙하게 되었다는 것은 콜라와 함께 서구의 문화가 우리 생활 속에 깊숙이 침투했다는 것을 의미합니다. 사람들의 눈길을 끄는 문화가 돈이 되고, 돈이 되는 문화는 누구나 선호하는 문화가 되어버린 것이죠. 결국 '문화 = 돈'이 되는 시대가 되었습니다. 문화적으로 의존하게 되면서 경제적 이윤이 다국적 기업을 통해 선진국으로 흘러들어갈 수밖에 없게 되었답니다.

1980년에 개봉한 코미디 영화 〈부시맨〉은 세계화에 앞장서고 있는 주류 문화가 비주류 문화에 대해 어떤 시각을 가지고 있는지 잘 보여주는 영화입니다. 비행기 조종사가 버린 빈 콜라병을 보고 신의 물건이라고 생각한 추장의 모습이 우스꽝스럽게 그려졌죠.

제국주의 시대에는 강대국들이 고유의 문화를 가지고 평화롭게 살던 마을에 들어가 종교와 문화를 폭력적으로 강요했어요. 세계화 시대에는 자유로운 국제 교류를 통해 자발적으로 받아들인 세계 문화에 주류가 생기면서 비주류인 제3세계의 문화는 덜 발전된 구식의 지역 전통이 되어버렸습니다. 문화 차별의 대상이 된 것이죠. 반세계화 운동이 시작된 것은 어쩌면 세계화의 당연한 결과가 아닐까요?

우리나라의 경우 문화의 세계화가 전통문화를 위협할 정도로 많이 이루어졌어요. 현대적이라는 이름으로 전통적인 것과 대체된 다른 나라의 문화 상품들을 옛것보다 익숙하게 사용하고 있습니다. 우리가 정서적으로 서양문화권 안에 깊숙이 들어왔다는 근거는 우리 주변을 보면 쉽게 찾을 수 있습니다. 북한과 관련된 영상을 보면 더욱 여실히 느낄 수 있습니다. 영어로 된 간판이 한글로 된 것보다 눈에 더 익숙할 때도 말이죠.

세계화는 분명 많은 나라들에게 이익을 줍니다. 선진국은 상품과 함께 문화를 팔면서 경제적 이득을 보고, 저개발 국가에서는 질 좋은 물건을 쓸 수 있고, 노동력을 제공하여 경제성장을 할 수 있습니다. 겉으로 보기에는 그렇죠. 하지만 문화 차별의 함정에 빠지는 것에 조심해야 합니다. 모든 문화는 고유의 색을 가지고 있기 때문에 내용의 차이를 수준의 차이로 해석해서는 안 됩니다. 자칫 자문화 중심주의에 빠질 우려가 있기 때문이에요.

우리나라는 자문화 중심주의와 문화 사대주의가 혼합되어 있는 나라입니다. 오랜 과거부터 주변 강대국의 문화를 받아들이며 문화 사대주의에 빠졌지요. 한편으로는 약소국에 대해 자문화 중심적인 해석을 합니다. 매우 이중적인 잣대가 아닐 수 없어요. 그동안 우리는 강한 나라들 사이에서 그들의 발전된 문화와 제도를 받아들여 고유의 문화를 이어왔습니다. 하지만 강대국들의 간섭으로 바람 잘 날 없는 역사를 지나왔죠. 정치적으로는 독립했지만 문화적으로는 아직 갈 길이 멉니다.

50여 년 전 우리의 상황과 비슷한 처지에 놓인 저개발 국가를 바라보는 우리의 시선은 어떤가요? 그들의 문화를 전근대적인, 구식의 것이라 여기며 무시하지는 않았나요? 새로운 것에 대한 욕구는 그렇지 않은 것에 대한 멸시와 거부를 가져왔습니다. 문화적 차별을 자행하는 '어글리 코리언Ugly Korean'은 이렇게 탄생되었죠.

APEC 정상 회의를 할 때 반세계화를 외치는 비정부기구나 시민단체들의 반대 집회가 종종 있습니다. 그들은 왜 세계화를 반대할까요? 세계화를 통해 삶은 물질적으로 풍요로워졌습니다. 정확히 말하면 돈이 있는 사람들의 소비하는 삶이 풍요로워졌지요. 하지만 대부분의 제3세계 국가들의 전통문화가 등한시되고, 경제적으로는 세계화 이전보다 별로 나아진 것이 없습니다. 오히려 미래는 암울하기만 합니다.

세계화를 통해 성장한 초국적 기업들이 있습니다. 맥도날드, 나이키, BMW, 리바이스와 같은 다국적 기업들은 전 세계 곳곳에 자리한 공장에서 상품을 생산하고, 전 세계의 고객들에게 판매합니다. 우리가 입은 청바지와 똑같은 것을 그리스, 나이지리아, 미국에 사는 사람들이 입습니다. 한 국가 내에서 판매하다가 전 세계를 대상으로 판매하면 수익은 폭발적으로 증대됩니다. 그리고 수익의 대부분은 본사가 있는 서구 선진국으로 들어가지요. 우리나라 몇몇 기업들도 다국적 기업의 명단에 이름을 올리고 있기는 하지만 대부분은 과거부터 잘살아왔던 선진국 기업들뿐입니다.

　문화의 수준은 절대로 우위를 가릴 수 없습니다. 단지 기술의 편리함으로 인한 차이만 있을 뿐이죠. 하지만 세계화 시대에 문화 차별은 곧 경제적 이득과 연결됩니다. 세계 각국의 소비자들을 현혹시킬 정도로 다른 문화에 비해 수준이 높다는 논리로 어필을 해야 하기 때문입니다. 그래야 선택을 받지요. 문화가 곧 돈이 되고, 경쟁력이 되는 세계화 시대에서 그들의 논리에 휩쓸려 비주류 문화를 무시하고 깔본다면 문화 차별은 절대 넘을 수 없는 벽으로 계속될 겁니다.

　우리는 정글에 사는 원시 부족이 TV에 나올 때 생경한 풍경을 마주합니다. 그리고 그들이 애벌레를 먹는 모습을 보면서 눈살을 찌푸리기도 하고 신기하게 쳐다보기도 하죠. 이것도 문화 차별의 일종입니다. 문화는 그 지역의 지형이나 기후와 같은 자연환경과 언어, 종교, 제도와 같은 인문환경에 따라 다르기 때문에 문화 현상만을 단편적으로 평가해서는 안 됩니다. 역사와 환경적 배경을 고려하여 입체적으로 살펴야 하죠. 인간의 존엄성을 무시하는 문화가 아니라면, 다른 문화를 내 문화와 다르다고 등급을 매겨 손가락질하는 행위는 매우 무례한 태도가 아닐 수 없습니다. 어떤 문화든 유래가 있으며, 그 속에는 역사가 있습니다. 문화적 차이

를 다양성의 측면에서 본다면, 우리가 누릴 수 있는 문화가 풍성
해지는 데 기여할 수 있지 않을까요?

5

사회에서
벌어지는 차별

우리 사회에서도 차별은 예외 없이 발생합니다. 차별의 감수성이 점점 더 예리해지면 사회 이곳저곳에 숨겨진 차별이 눈에 띌지도 몰라요. 경제, 노동, 정보, 여성, 다문화, 성소수자, 장애인, 아동 등 차별은 우리 사회 곳곳에서 일어나고 있습니다. 어느 영역에나 차별받는 사회적 약자들은 존재합니다.

사회 속 차별은 어디에서 올까?

종종 보이지 않는 피라미드 속에서 살고 있다고 느낄 때가 있습니다. 특히 높은 지위의 사람들에게 불만을 품은 우리의 목소리가 그들에게 닿지 않을 때 그러합니다. 그럴 때면 상실감과 허탈함이 찾아옵니다. 아무리 소리쳐도 그들의 귀에는 들리지 않아요. 이런 상황이 계속되면서 자라난 폭력성이 수평적으로 드러나는 경우가 종종 있습니다. 쌓인 화를 풀 곳을 찾지 못해 결국 나보다 약하다고 생각하는 사람에게 비겁한 폭력을 휘두릅니다. 그 수평적 폭력의 피해자들은 사회적 약자입니다.

약자는 상대적인 개념입니다. 강자가 있기에 약자가 있으며, 그 반대도 마찬가지예요. 똑같은 사람도 어떤 경우에는 강자로, 또 다른 경우에는 약자가 되기도 합니다. 가지고 있는 자원의 양과 질에 따라 인간관계가 서열화됩니다. 사람간의 관계를 약육강식으로 바라보는 사람들이 많을수록 피로는 쌓여만 갑니다. 항상 신경을 곤두세우고 경계를 해야 하기 때문이지요. 그러다가 강자가 되는 순간 주변의 약자에게 그동안 모인 스트레스를 한 번에 쏟아내기도 합니다. 나와 전혀 상관없는 사람이어도 괜찮습니다. 상대가 나보다 '약자'이기만 한다면 말이죠. 약자에게 가혹한 사회일수록 삶은 더 팍팍하고 차가워집니다. 약자를 경험한 이들의 분노는 또 다른 약자들에게 더 날카로운 비수가 되기도 합니다. 사회적 약자로서 살아가는 사람들은 정신적·육체적으로 고통을 받으며 우리 주변 곳곳에서 살아가고 있습니다.

차별을 알아차리는 것만큼 중요한 것은 차별이 일어난 이후 우리 사회가 어떻게 차별을 바라볼지일 겁니다. 우리 사회 속에서 벌어지는 차별 이야기들을 보면서 다함께 생각해봅시다.

빈부격차: 나만 왜 점점 가난해질까?

2013년 개봉한 〈설국열차〉는 900만 이상의 관객들이 본 영화였습니다. 영화를 본 사람들은 영화가 갖는 의미에 대해 저마다의 해석을 내놓았지요. 꼬리 칸부터 엔진이 있는 제일 앞 칸까지 다양한 계층의 사람들이 이 열차에서 살아갑니다. 열차에 탄 승객이라면 자신의 목적지에 맞춰 내려야 하지만 설국열차는 아닙니다. 목적지 없이 전 세계를 떠돌기 때문에 언제 멈출지 알 수 없어요. 그리고 오히려 기차라면 멈춰야 하는 것이 당연하지만, 이 기차에 탑승한 승객들은 멈춰 서는 것을 두려워합니다. 누구나 내리기를 두려워하고 누구도 열차가 서는 것을 원치 않죠. 정지는 곧 죽음을 뜻하기 때문입니다. 어떤 사람들은 이런 설국열차를 자본주의에 비유하기도 합니다. 멈췄을 때 일어날 혼란에 대한 두려움을 안고 자본주의는 끊임없이 달립니다. 기차 안에서 지내는 답답한 생활이 불만이지만 대안도 없이 반복되는 경기흐름을 타고 끝없이 달려갑니다.

자본주의라는 기차의 탑승객들은 가진 것의 정도에 따라서 철저히 나누어진 환경에서 살아가고 있죠. 마치 설국열차처럼이요. 달리는 기차라는 밀폐된 공간에서도 초밥과 스테이크를 먹으며 정원을 가꾸고 우아하게 살아가는 상류층과 바퀴벌레로 만든 단백질 블록을 먹으며 우중충한 닭장 같은 꼬리 칸에서 살아가는 하류층. 영화 속에서 조명과 소품들로 극명하게 대비되어 보이는 이들의 공간은 사실 우리가 살고 있는 현실과 다르지 않습니다.

설국열차 안의 다른 칸에 타고 있는 사람들은 서로 교류하지 않습니다. 폭동을 일으켜 꼬리 칸에서 탈출한 주인공들이 상류층 칸에 들어갔을 때 그 칸에 타고 있던 부유한 승객들은 그들을 신기하게 쳐다보죠. 만약 설국열차 안에서 승객들끼리 자유롭게 교류하면서 가진 것을 조금 나누었다면 어땠을까요? 폭동이 일어났을까요?

1960년대 한국은 너 나 할 것 없이 모두 경제적으로 어려운 시기를 겪었습니다. 심지어 다른 나라들로부터 경제적인 도움을 받기도 했지요. 당시 우리를 도와주었던 나라들 중 필리핀이 있습니다. 아시아 2위의 부자 나라였기에 가난한 한국을 도와줄 여유가 있었어요. 지금은 어떨까요? 필리핀은 그때의 부를 현재까지 유지하고 있을까요? 그렇지 않습니다. 밖에서 보기에도 불안한 모습을 자주 보입니다. 정치적으로 불안이 계속되고 있지만 그들에게 가장 큰 걸림돌은 바로 빈부격차입니다. 수도 마닐라의 인구 40퍼센

트가 빈민지역에 살고 있는 와중에 부자들은 번화가 곳곳의 사유지에 총으로 무장한 사설 경비원들을 세워놓고 있습니다. 식민통치 이후 정권을 잡은 이들이 모두 대지주 계급이다 보니 민중들이 원했던 토지개혁은 이루어질 수 없는 꿈이었고, 그 상태로 점차 빈부격차가 커지게 되었습니다. 결국 민중들의 분노는 부자들을 향하게 되었고, 자신의 것을 더욱 견고하게 지키기 위해 부자들은 또다시 높은 담과 무장한 사설 경비원을 늘리는 악순환이 되풀이되고 있습니다.

이번에는 조선 후기 경주의 최 부잣집의 이야기를 해볼까요? 400년 동안 가문의 부를 현명하게 지켜낸 가문의 비밀은 '사방 100리 안에 굶는 사람이 없게 하라'를 포함한 6개조 가훈에서 찾을 수 있습니다. 신분에 따라 각기 다른 위치에 놓여 있지만 모두 고귀한 인간이므로 더불어 살아가려는 정신을 바탕으로 끊임없이 부를 사회에 환원하였습니다. 자신이 가진 것을 베풀면서 차별 없는 인간 존중의 태도를 보여주었지요. 특히 그 당시 민중들의 무장봉기로 인해 대부분의 부자들이 회복 불가능한 인적·경제적 피해를 입었을 때에도 최 부잣집만은 불타지 않고 온전히 가문을 지킬 수 있었던 역사는 유명합니다.

자신의 노력 또는 부의 세습으로 지금은 윤택한 생활을 할 수 있겠지만 타인을 배려하고 포용하지 않는다면, 앞으로 태어나는 세대에는 불평등하고 불공정한 사회를 물려줄 수밖에 없었습니다.

자본가에 의해 꽉 쥐어짜진 노동자

내 것이라는 '사유재산'의 개념이 생기면서 우리의 삶은 이것을 지키고 늘리는 것이 가장 큰 목적이 되어버렸습니다. 특히 돈이 사회를 움직이는 원동력인 자본주의에서는 돈이 가장 중요한 가치를 가져 무엇이든 돈과 연관지어 생각하게 됩니다. 인간의 소유욕은 끝이 없습니다. 하나를 가지면 또 다른 것에 눈이 가지요. 그렇게 모은 재산을 절대적으로 보호받아야 한다고 생각하던 때도 있었습니다. 지금은 그렇지 않지만요.

자본주의는 사람들의 본능에 따라 자신의 이익을 추구하는 과정에서 경제가 원활하게 움직여 성장하는 체제입니다. 그렇기에 자본주의는 다다익선을 좋아하는 인간의 본능과 딱 맞아떨어지는 시스템이 아닐 수 없습니다. 소유에 대한 본능은 그 어떤 힘보다도 강하기 때문입니다. 이러한 소유욕이 끌어 모은 자본은 이제 전 세계를 움직이는 동맥과도 같은 역할을 하게 되었어요. 자본이 지배하는 세계 속에서 이미 사람의 가치가 자본을 따라가지 못하는 현실이 어색할 것 없게 된 지 오래입니다. 누구나 사람이 돈보다

가치가 높다고 생각합니다. 인간은 그 존재 자체만으로도 존엄하기 때문이에요. 하지만 현실은 그렇지 않습니다. 돈을 위해 사람을 이용하는 경우가 흔하죠.

18세기에 산업혁명으로 세계경제의 규모가 급속도로 성장했던 시기에는 더욱 심각했습니다. 당시 프랑스 노동자의 평균 노동시간은 하루 15시간 정도였다고 합니다. 아침 7시에 일을 시작한다면 저녁 10시까지 근무를 해야 하는 살인적인 노동시간이었어요. 일을 많이 했으니 돈도 많이 벌었겠군요. 하지만 그렇게 일하고 받은 임금은 기본적인 의식주를 해결하기에도 모자랐어요. 어린 아이들까지 일해야 가족이 겨우 먹고 살 수 있을 정도였습니다. 매우 비위생적이고 열악한 작업환경 속에서 영양실조에 걸린 몸으로 고된 노동을 버티기란 여간 어려운 일이 아니었습니다. 그래서 1840년 프랑스 노동자들의 평균수명은 20세에 불과했다고 합니다.*

먹고 살기에 턱없이 부족한 임금을 받아 일을 해도 나아지지 않는 형편으로 인해 19세기에는 폭발적인 경제성장에도 불구하고 부랑자들이 많았습니다. 여가는커녕 입에 풀칠하기도 힘든 날들이었죠. 그들에게는 하나같이 주홍글씨가 새겨졌습니다. "게으름뱅

....

• 《청소년을 위한 세계 인권사》, 하승수(2011), 두리미디어, 147쪽

이, 누구나 부지런하면 잘살 수 있는 이 시기에 떠먹여주는 것만 받아먹으려는 자들." 그렇게 부의 격차만큼이나 가난한 자들에 대한 개인적·사회적 차별도 점차 심해졌습니다.

그들도 마냥 죽을 수는 없었기에 장발장처럼 빵을 훔치는 생계형 범죄가 늘게 되었죠. 가난한 자들이 많아질수록 범죄는 늘고,

사회는 더욱 불안해져 갔습니다. 그야말로 노동자들은 자본주의라는 열차가 쾌속질주하기 위해 촘촘히 깔아 놓은 선로에 불과한 시절이었습니다. 자본주의가 발전할수록 빈부격차는 더욱 커져 계급 간에 심각한 갈등을 가져와 발전의 걸림돌이 되었죠. 처음에는 개인의 문제로 생각하며 해결을 미뤄 두었던 가난이 곪을 대로 곪아 터져버리고 말았습니다.

결국 자본가들은 자본주의에서 중요한 생산요소인 노동력을 보전하기 위해 노동시간을 강제적으로 제한하는 공장법을 1833년에 제정하였습니다. 정치적으로는 19세기 후반에 들어서면서 노동자들의 투표권이 점차 확대되어 갔어요. 노동자들의 표가 정치권으로 들어오자 빈곤에 대한 실태 조사도 활발하게 시작되었어요. 그리고 시대가 변하니 노동자들에 대한 생각도 바뀌기 시작하였습니다. 점점 가난을 개인의 책임이 아닌 국가가 나서야 할 사회문제로 생각하게 되었어요. 그들이 게을러서 가난해진 것이 아니라 열심히 일을 해도 가난에서 벗어날 수 없는 사회구조를 문제 삼기 시작했어요. 가난한 노동자들에게 게으르다며 손가락질을 하는 것이 아니라 사회 차원에서 해결하기 위해 더 합리적인 노동조건을 만들어 가려는 분위기가 조성되었어요. 비로소 가난한 사람들을 위한 사회제도가 만들어졌습니다.

사실 이 제도가 가난한 사람들만을 위해 만들어진 것은 아니었습니다. 가난이 사회를 불안하게 만드는 원인으로 보고 공동체 속에서 해결점을 찾은 것입니다. 가난이 극대화되면서 자본주의에 대해 다시 생각해보려는 움직임이 생겼죠. 어떻게든 자본주의를 지키려는 사람들인 보수주의자들은 그제야 노동자들이 겪고 있는 질병, 재해, 실업과 같은 위험을 들여다보았습니다. 그 결과, 그들의 어려움에 국가가 개입할 필요가 있다고 느꼈어요. 여기에는 노동자들 사이에 퍼지고 있던 공산주의도 한몫했습니다. 가진 것을 모두 똑같이 나누자는 공산주의는 자본주의를 그만두자는 주장이었거든요. 보수주의자들에게 빈부격차의 해결책으로 제시된 공산주의는 대안이 될 수 없었기에 자본주의를 수정해야 할 때라고 인식하게 된 거예요. 그 결과 1883년 독일에서는 정치가 오토 폰 비스마르크가 만든 사회보험제도가 법제화되었고, 20세기 초에는 영국에서 최저임금법이 제정되었습니다. 생계를 유지하기 어려운 사람을 국가가 보호해주는 사회보험제도와 노동자가 일을 하고 받을 수 있는 돈의 최저액을 국가에서 정해 낮은 임금을 받는 노동자를 돕는 최저임금법의 시행은 빈부격차를 줄여주는 대표적인 제도가 되었습니다.

노동자와 자본가의 차이를 메우는 사회법의 탄생

사회문제를 해결하기 위한 가장 확실한 방법은 법을 이용하는 것입니다. 누구나 지켜야만 하는 법을 만들면 사회질서를 바꿔 잘못된 사회구조를 변화시킬 수 있습니다. 빈부격차로 인한 자본주의의 문제를 해결하기 위해 '사회법'이 만들어졌습니다. 개인이 누릴 수 있는 자유의 무게를 가진 재산에 따라 차별받아왔던 가난한 사람들을 구제하기 위한 법이죠. 약자들을 위한 법에 '사회'라는 이름을 붙인 것에 주목해봅시다. 사회법은 이전에는 국가가 관여할 수 없었던 사적인 영역에서 정부의 적극적인 개입을 가능하게 했습니다. 국가가 경제적 약자의 편을 들어 부당한 대우를 받지 않도록 돕는 겁니다. 이런 사회법의 정신을 근대 헌법상 최초로 담고 있는 법은 1919년 제정된 독일공화국의 '바이마르weimar 헌법'입니다.

제151조 경제생활의 질서는 개개인의 인간다운 생활의 보장을 목적으로 하는 정의 원칙에 합치해야 한다.
제153조 2항 소유권은 의무를 수반한다. 소유권의 행사는 동시에 공공복리에 이바지하여야 한다.

이 법에는 이전에는 찾을 수 없었던 인간답게 사는 것이 무엇인지에 대한 고민이 담겨 있습니다. 또한 절대적인 권리였던 재산권을 제한이 가능한 상대적인 권리로 바라보았죠. 즉 재산권은 그 누구도 건드릴 수 없는 신성 불가침한 것이 아니라 인권 아래에서 때로는 제한이 가능한 권리로 보았습니다. 경제적인 힘의 불균형으로 인해 피해를 받아도 구제받기 힘든 도움이 필요한 약자들을 위해 정부가 개입을 시작했습니다. 그 결과 공적 힘으로 고장 났던 자본주의를 조금씩 고칠 수 있었어요. 필요할 때마다 수리를 하면서 자본주의라는 열차는 지금껏 멈추지 않고 달려오고 있습니다.

사회법은 사회에서 일어날 수 있는 개인 간의 문제들 중, 힘의 균형이 깨진 문제에 대해서 사회 정의를 위해 국가가 적극적으로 나설 수 있게 했습니다. 빈부 격차를 좁혀주는 배분적 정의를 실현하기 위해 적극적으로 행동하는 것이죠. 출발은 서로 다를지라도 도착했을 때의 차이를 줄여주기 위해 정부에서 도와줄 수 있어요. 삶이 어려운 사람들이 인간 존엄성이 훼손될 정도로 더 깊은 수렁에 빠지지 않도록 막아주고 재기할 수 있는 안전망이 되어줍니다.

우리에게도 경제법, 노동법, 사회보장법과 같은 사회법들이 있습니다. 또한 헌법에서는 인간다운 생활을 할 권리나 교육 받을 권리, 근로의 권리, 노동3권*, 환경권과 같은 사회적 기본권들을 보장하고 있어요. 우리 사회 역시 사회적 약자에게 최소한의 인간다운 삶을 보장하고자 하는 의지를 법으로 보여주었습니다.

그렇다면 과연 사회법의 제정만으로 경제적 차별이 끝났을까요? 사회법이 제정된 이후에도 빈부격차는 여전하며, 그 격차는 시간이 갈수록 더 커지고 있습니다. 지금의 가난은 사회법이 등장했을 때와는 조금 달라요. 과거 그들에게는 상대적 박탈감이라는 지독한 문제가 없었기 때문이죠. 상대적 박탈감을 느끼기에는 극소수인 자본가를 제외한 주변의 모든 이들이 다 가난했습니다. 하지만 지금은 다릅니다. 이제는 절대적인 부의 격차와 함께 깊어지는 상대적 박탈감으로 인해 삶의 모든 영역이 경제력으로 결정되는 시대가 되었습니다. 가난한 이들은 미래를 꿈꾸기에도 벅찬 무기력의 시대가 시작되었죠.

비교지옥에 빠져 좌절감에서 헤어나지 못하는 사람들도 많습니다. 인간의 눈은 본능적으로 더 높고 좋은 곳을 향해 있습니다. '좋은 것'을 보았을 때 대부분의 사람들은 그들의 것과 내 것을 비교

----

* 노동자가 헌법상의 기본권으로 가지는 세 가지 권리.

합니다. 내 것이 그것보다 좋거나 비슷하면 안도하지만 그렇지 않으면 자신이 가진 가능성을 따져봅니다. 원하는 것을 가질 가능성이 떨어진다면 비교지옥으로 빠지고 맙니다. 빈부격차가 심화되고 있는 우리 사회구조는 사람들을 비교지옥으로 쉽게 빠지게 합니다. 앞으로 사회가 더 복잡해지고 산업이 고도화된다면 우리에게 사회법과 같은 제3의 법 영역 외에 제4, 5의 영역이 나타날 수도 있을 거예요. 하지만 목적은 단 하나, 정의에 따른 인간다운 삶의 추구가 되어야 하겠죠. 우리는 경제력에 따른 차별 없이 누구나 행복한 삶을 누릴 권리가 있습니다. 그 이유는 간단해요. 바로 인간이기 때문이지요. 하지만 갑을관계에서 갑의 횡포나 계란으로 바위를 치는 경제 영역에서의 힘의 불균형은 여전히 존재합니다.

| 사회 속 차별 둘 |

노동 차별: 나도 안정적인 직장을 다니고 싶다

인간은 노동을 위해 태어났을까요? 아니면 살아가기 위해 노동을 하는 것일까요? 과거에는 인간답게 살기 위해 노동을 했습니다. 따라서 노동은 우리의 행복한 여가생활을 위해 부가적으로 따

라오는 행위였죠. 하지만 지금은 노동이 우리 삶의 지배자가 되었습니다. 여가생활은커녕 모든 시간이 노동에 잡아먹히게 되었어요. 지금 우리가 노동을 하는 이유는 삶을 이어나가기 위해서입니다. 삶을 유지하려면 노동이라는 돈벌이를 해야 하기 때문이죠.

그 누구도 일하기 위해 살지는 않습니다. 일한 뒤 주어지는 돈으로 여가를 즐기고 주변사람들과 관계를 맺기 위해 살죠. 누구나 일에 끌려가기를 원하지 않지만 실제로는 일에 꽉 잡혀 있는 삶을 살아갑니다. 일주일 내내 야근까지 하면서 일을 하고 나면 주말의 여가시간도 반납하고 결국 돌아올 월요일을 준비하기 위한 수면시간으로 채워지고 맙니다.

인간이란 노동하기 위해 태어난 개미와 같은 존재가 되었어요. 그럼 쉴 새 없이 노동하는 인간에게 비유된 개미는 어떨까요? 개미 = 일이라는 수식으로 우리는 '개미처럼 일하라'라고 말합니다. 하지만 1년이라는 짧은 생애 동안 죽을 때까지 인간처럼 일만 한다면 개미의 삶이 너무나 가혹하지 않을까요? 그리고 엄마인 여왕개미에게 자신의 운명을 원망하며 파업을 하고 싶어할지도 몰라요. 마치 우리들처럼.

우리 사회에는 없는 노는 개미의 존재

개미들은 항상 바쁘게 움직입니다. 놀고 있는 개미를 본 적이 없어요. 어디를 그리 바쁘게 다니는지 늘 앞만 보고 직진합니다. 에너지가 넘치는 일개미들의 노동 비법은 무엇일까요? 바로 '노는 개미'의 존재입니다. '노는 개미가 사회에 주는 영향'과 관련하여 2016년 일본 홋카이도대학교 하세가와 에이스케長谷川英祐 연구팀이 영국의 과학 학술지 〈사이언티픽 리포트Scientific Reports〉에 흥미로운 발표를 했습니다. 뿔개미속의 한 종류를 모두 색을 입혀 1,200마리를 8개 집단으로 나눠 한 달 이상 그들의 생활을 관찰했습니다. 그 결과 개미 집단에 항상 20~30퍼센트의 비율로 존재하는 일하지 않는 개미들을 확인했다고 합니다. 하세가와 교수 팀이 밝힌 이 노는 개미의 정체는 집단을 오래 보존하기 위한 수단이라는 것입니다. 평소에 일을 하지 않았던 개미들은 일을 하는 개미들이 지쳐서 쉬게 될 때부터 일을 시작합니다. 연구진은 "모든 개미가 동시에 일을 할 수 없게 되면 노동력을 상실해 집단이 멸망할 수 있다. 노는 개미는 집단의 존속에 반드시 필요하다."고 밝혔어요. 우리 사회에도 '노는 개미'가 존재할까요?

우리는 종종 일이 없는 사람을 백수라고 놀리며 그들을 폄하하곤 합니다. 인간은 태생적으로 활동을 통해 성취감을 맛보길 좋아합니다. 무기력은 타고난 자질이 아니라 '학습된' 것이죠. 일하면서 얻는 성취감과 땀을 좋아하는 것은 인간의 본능이에요. 하지만 최근 쉼이 없는 삶에 대한 우려의 목소리가 제기되고 있습니다. 일에 치여 고통받고 있지만 쉴 수 없는 사람들을 위해 이제 정부와 회사 차원에서 쉼을 권장하고 있습니다. 가족의 날, 저녁이 있는 삶 등으로 불리고 있는 이 정책들은 노동이 집어삼킨 우리의 삶에 휴식의 자리를 만들어줍니다. 얼마 전 사회적으로 큰 호응을 얻은 YOLO You Only Live Once라는 단어가 떠오릅니다. 그동안 개미처럼 제 몸집보다도 더 큰 노동의 무거운 짐을 짊어지고 살아가던 사람들이 앞으로는 삶의 질을 높이는 것에 우선순위를 두겠다는 메시지를 보내고 있는 것입니다. 점점 노는 개미의 존재를 인정하는 사회적 분위기가 만들어지고 있습니다. 하지만 쉼이 있는 노동보다 더 시급한 문제가 있습니다. 노동자들의 신분을 나누고 있는 차별적인 노동구조에 대해 이야기해봅시다.

차별적인 운명을 짊어진 노동자의 숙명

노동자의 운명은 자본주의가 시작될 때부터 차별적이었습니다. 자본주의가 성장해온 길은 다수의 노동자 집단이 만들어낸 경제적 성과를 소수의 자본가 집단이 차지해온 역사였습니다. 즉 자본주의 사회에서 돈을 벌 수 있는 생산수단을 가지고 있는 자본가들이 노동자가 만들어낸 잉여 생산물을 차지하면서 몸집을 부풀려 왔지요.* 노동을 파는 이들은 초기 자본가들에 비해 재빨리 자산을 불려가지 못했어요. 그래서 새로운 생산물의 주인이 될 수 있는 자본의 밑천을 갖지 못했죠. 하지만 굶어 죽을 수는 없기에 내가 가진 몸뚱이로 노동력을 팔아 임금을 받고 살 수밖에 없게 되었어요.

개미 사회와 달리 인간의 사회는 더욱 차갑기만 합니다. 개미 사회는 노는 개미와 일하는 개미가 바통을 터치하는 순간이 있지만 인간 사회는 그렇지 않아요. 여가시간까지 반납하면서 열심히 일해도 힘들게 사는 사람이 있는가 하면, 일한 시간에 비해 훨씬

....

* 《10대와 통하는 노동 인권 이야기》, 차남호(2013), 철수와 영희, 58쪽

더 많은 보상을 받는 자본가와 같은 사람들이 있습니다. 왜 그럴까요? 자본가가 주는 노동의 대가가 평균적으로 노동자들이 생산한 가치보다 적어야 이윤이 생깁니다. 그 이윤이 자본가의 몫으로 돌아가기 때문에 이윤을 최대한 높이기 위해서 임금을 적게 주고 싶어하죠. 따라서 노동력을 팔아야 하는 노동자에 비해 기업가들은 훨씬 더 잘살 수밖에 없습니다. 결국 앞에서 이야기했듯이 시간이 갈수록 빈익빈 부익부 현상은 더욱 더 커지게 됩니다. 우리가 살아가는 자본주의 시스템 자체가 피라미드로 줄 세워진 경제구조 속에서 끊임없이 불평등을 생산하고 있습니다.

같은 일 다른 신분, 비정규직 문제

직업에는 귀천이 없다고 합니다. 하지만 노동의 형태는 다양하죠. 귀천을 따질 수는 없지만 굳이 따지지 않아도 월급과 고용기간을 보면 알 수 있어요. 수만 명의 노동자들이 일을 하고 임금을 받습니다. 하지만 일하는 시간과 임금은 천차만별입니다. 고용의 형태에 따라 달라지는 신분보장으로 차별을 겪기도 합니다. 대표적으로 고용의 형태에 따라 나누어진 정규직과 비정규직에 대해 이야기하려고 합니다. 정규직과 비정규직은 사회 전체 노동을 7:3 정도로 나누고 있습니다.(신규 고용의 경우 비정규직의 비율이 좀 더 높기도 합니다.) 같은 일을 하고 있지만 누군가는 정규직이라는 이름으로 예측 가능한 삶을 살아가고, 또 다른 이는 비정규직으로서 언제 잘릴지 모를 불안한 고용 상태에 놓여 자신의 미래를 고용주의 손에 맡겨놓고 있습니다. 고용 형태로 시작된 이들의 차이는 시간이 지날수록 삶의 격차로 벌어집니다.

비정규직은 기업이 나가는 비용을 최대한 줄여 경제적 이득을 얻기 위해 불완전한 고용 상태에 놓여 있는 경우가 많습니다. 물론 휴직이나 휴가 등으로 어쩔 수 없이 필요한 기간만큼 계약하는 기간제 고용이 필요한 경우가 있습니다. 하지만 요즘의 기간제 고용은 편법적으로 운영될 때가 많아요.

일하는 현장에서는 정규직과 비정규직이 하는 일이 크게 다르지 않습니다. 심지어 더 힘들고 어려운 일에 비정규직을 고용하여 '위험의 외주화'라는 사회문제가 발생하기도 했습니다. 임금을 비롯한 대우는 노동의 양에 비하면 턱없이 부족합니다. 같은 일을 하고도 정규직 임금의 60퍼센트밖에 받지 못하는 비정규직의 상황은 충분히 차별적입니다.

대학생 때부터 열심히 스펙을 쌓아도 원하는 곳에 취업하기 힘든 현실 속에서 정규직에게 할애된 의자는 매우 적습니다. 어쩔 수 없이 비정규직으로 사회생활을 시작한 이들의 대부분이 그 생

활을 이어나갑니다. 언젠가는 정규직이 될 날을 그리면서 말이죠. 그 사이 비정규직들의 대부분이 워킹푸어working poor의 늪으로 빠집니다. 손 하나 까딱하기 힘든 중노동을 하고도 가난에서 빠져나오기 힘든 생활을 합니다.

통계청이 발표한 자료에 따르면 2018년 6~8월 정규직 임금은 300만 원, 비정규직은 164만 원으로 정규직 대비 비정규직 임금 비율이 54.6퍼센트였습니다. 낮은 월급을 받는 노동자들은 일을 더 구해서 밤낮없이 노동하기도 합니다. 몸은 피곤하고 졸음이 쏟아지지만 어떻게든 생계를 이어나가기 위한 절박함에 꾹 참고 하루하루를 견뎌내지요. 이런 상황에서 출산율이 낮아지는 것은 당연하지 않을까요? 내 몸 하나 건사하기 힘든 여유 없는 삶 속에서 자식은 또 다른 짐으로 여겨질 겁니다.

비정규직을 고용한 기업은 장기적으로 이득을 보게 될까요? 그렇지 않다고 자신 있게 말할 수 있어요. 계약기간이 끝나면 언제라도 떠나야 할 신분인 비정규직에게 장기적인 기업의 성장은 먼 이야기로 들릴 겁니다. 이직할지도 모른다는 불안감 때문에 불확실한 미래를 준비하는 것이 무엇보다 중요합니다. 또한 회사 내에서 노동자들끼리 나눠지게 되고, 언제 해고될지 모르기 때문에 보여주기식 성과로 인해 장기적으로 성장을 막을 수 있습니다. 노동자들의 육체적·정신적 건강을 해치는 것은 물론이고요. 숙련된 인재의 양성도 막습니다. 결국 노동의 차별은 사회 전체의 비용을 증가시킵니다.

많은 문제점을 안고 있는 비정규직 문제는 꼭 해결해야 하겠지요. 하지만 쉽게 풀기 어려운 과제입니다. 비정규직을 정규직으로 전환시켜준다고 해도 문제는 여전히 남아 있습니다. 누구를, 언제까지 전환해주느냐의 문제가 있지요. 또한 이미 공식 채용을 통해 정규직이 된 노동자들과 앞으로 사회에 나와 또 다른 취업준비생이 될 학생들에게 역차별을 가져올 수도 있습니다. 실제로 2018년 서울교통공사는 3년이 넘은 무기 계약직 직원 1,288명을 정규직으로 전환시켰습니다. 이후 회사 내에서는 공채를 통해 정규직이 된 직원과 무기 계약직에서 전환된 직원 간에 갈등이 드러났습니다. 어떻게 해결하는 것이 좋을까요? 정말 어렵네요.

N포 세대와 사토리 세대

과거 일본의 대기업은 정년을 보장한 종신고용을 통해 노동자들과 함께 하는 가족경영을 내세웠습니다. 안정적인 일자리를 제공하여 노동자와 함께 기업을 성장시켜 나가기 위해서였지요. 그러나 1991년 버블경제 붕괴 후 경제 상황이 어려워지면서 일본의 노동환경은 점차 악화되었습니다. 극한의 취업전쟁 속에서 힘겹게 취직을 해도 불안한 일자리로 평생을 전쟁 같은 직장생활 속에서 견뎌내야 합니다.

일본이 잃어버린 20년이라 부르는 경제 위기 속에서 자라난 일본의 청년들을 가리켜 '사토리 세대'라고 부릅니다. 돈과 명예, 출세에도 관심이 없는 이들을 말하는 신조어죠. 1980년대 후반부터 1990년대에 태어난 이들은 깨달음, 득도라는 뜻의 '사토리'로 불리며, 마치 도를 깨달은 듯이 욕망을 억제하고 살아갑니다. 심지어 욕망조차 사치로 여겨 무언가를 해보고 가져보겠다는 의지조차 꺾여 있는 세대라고 합니다. 사토리 세대들은 대부분 프리터*로서 밥벌이를 하며 기숙사와 같은 다인실에서 살아갑니다. 집은 물론 없으며, 언제든 떠날 수 있도록 개인 짐도 배낭 하나에 다 들어갑니다. 대표적인 비정규직인 아르바이트를 단기적으로 잠깐씩 하는 것이 아니라 평생의 직업으로 가지고 최소한의 생계를 이어가는 사람들이죠. 삶 속에서 당연히 나타나는 욕구들을 마치 선택적 기억상실증처럼 의식적으로 잊어버리고 하루하루를 힘겹게 살아가고 있습니다. 이를 해결하기 위해 일본은 2017년 최저임금을 시

• 일본의 신조어로, 프리 아르바이터의 줄인 말.

급 848엔(약 8,500원)으로, 전년 대비 3퍼센트인 역대 최대 폭으로 인상했습니다. 일본 후생노동성*은 최저임금 인상을 통해 정규직과 비정규직의 임금 격차를 줄여 일에 대한 동기를 부여하고 현실의 생계 부담이 줄어들기를 바란다고 합니다.

일본만의 이야기일까요? 2015년 등장한 신조어인 N포 세대가 떠오르네요. 처음에는 3포, 4포로 시작해서 이제는 이것도 저것도 모두 포기하고 살아야 하는 N포 세대가 된 한국 청년들은 일본의 사토리 세대와 다르지 않습니다. 직장을 구하기 어렵기 때문에 욕망을 버릴 수밖에 없습니다. 구매욕이 상실된, 상실될 수밖에 없

• 일본의 행정기관.

는 이들은 돈을 쓰지 않아요. 따라서 나라 경제는 더욱 불경기에 빠지는 악순환이 생기지요.

　정부는 소득주도 성장을 내세우며 가계의 임금 소득을 올리려 합니다. 소득이 높아진 만큼 소비가 늘어나면 기업이 생산과 투자를 늘려 다시 소득이 증가하도록 하는 선순환 구조를 만들기 위해서입니다. 이러한 정책의 일환으로 2019년 최저임금을 전년 대비 10.9퍼센트 인상하여 8,350원으로 올렸습니다. 소득이 올라가면 분명 소비가 늘어날 겁니다. 하지만 안정된 신분이 보장되지 않고 위험한 일터에 내몰린 비정규직들에게는 먼 이야기가 될 거예요. 실질적인 임금 인상은 물론, 점차 비정규직을 줄이고 안정적인 일자리를 늘려나가는 노동 조건의 개선이 함께 할 때 장기적인 경제 성장이 가능하지 않을까요? 여러분은 어떻게 생각하시나요?

| 사회 속 차별 셋 |

교육격차: 개천에서 나오는 용이 사라져간다

사교육 앞에 무너진 개천 용의 꿈

누구나 개천의 용을 꿈꾸던 때가 있었습니다. 하지만 지금은

'용'이 되어 개천으로부터 날아오르는 꿈을 꾸는 사람을 비웃는 시대가 되었습니다. 각자가 서 있는 출발점의 위치는 이미 태어나면서부터 크게 벌어져 있으며, 걸어가는 인생의 길도 다릅니다. 과거에는 같은 트랙 위를 돌았기 때문에 출발점이 달라도 열심히 뛰기만 하면 따라잡을 수도 있었어요. 그러나 이제는 아예 뛰는 트랙의 위치 자체가 달라져버렸습니다. 그들만의 전용 트랙에서 그들끼리 경쟁하고 있지요.

개천의 용에 대한 사회적 시선도 바뀌었습니다. 과거의 개천 용들은 집안의 자랑이자, 지역의 자랑이었어요. 개천이라는 배경을 박차고 용으로 날아오른 노력과 땀에 아낌없는 박수를 보냈죠. 하지만 지금은 '개천 용 = 지균충*'이라는 인식까지 더해져 가까스로 용은 되었지만 여전히 개천은 벗어나지 못하는 슬픈 전설이 되었습니다.

과거보다 민주주의가 성숙해졌지만 왜 우리 아이들이 성장하는 교육 현실은 거꾸로 가는 걸까요? 교육은 국가와 부모의 부담이 함께 존재하는 영역입니다. 산업사회가 된 이후 사회가 복잡해지면서 교육의 많은 부분이 공적 영역으로 넘어왔습니다. 과거에는 대

• 지역균형선발 전형으로 입학한 학생을 비하하는 표현.

소득수준별 사교육비 격차 (단위=원)

소득	사교육비
100만원 미만	5만
100만~200만원 미만	9만8,000
200만~300만원 미만	15만4,000
300만~400만원 미만	21만1,000
400만~500만원 미만	26만5,000
500만~600만원 미만	31만
600만~700만원 미만	36만5,000
700만 이상	44만3,000

자료 = 교육부 · 통계청

그림 3. 교육부와 통계청이 발표한 2016년 초·중·고 사교육비 조사 결과에 따르면, 최저와 최고 소득계층의 사교육비 격차가 8.9배로, 2012년 6.3배보다 더 벌어졌다.

부분 가정 안에서 교육이 이루어졌지만 산업이 발달하고, 노동 시간이 길어지게 되면서 자녀를 가정에서 교육할 시간적 여유가 없어졌습니다. 식탁에서 같이 얼굴을 마주하며 식사를 하는 밥상머리 교육은 이제 과거의 이야기가 되었지요. 먹고 살기에 바빠서, 또는 사회에서 필요한 전문적인 지식을 가르치기 위해 교육은 학교와 같은 공적 영역의 전문기관에 맡겨졌어요. 하지만 자녀에 대한 부모의 관심과 교육열을 채우기에 학교만으로는 부족했나 봅니다. 여기저기 학원이 생기고 사교육 시장이 커지면서 부모의 재력에 따른 교육의 사적 영역이 커졌죠.

우리 사회에서 빈부격차를 가장 잘 느낄 수 있는 곳을 꼽으라면 사교육 시장을 빠뜨릴 수 없습니다. 평범한 아이도 영재로 만드는 사교육 1번지에서는 고가의 학원비는 기본입니다. 더불어 학원까지 차로 정성껏 자녀를 모셔다 줄 수 있는 경제적·시간적 여유가 없다면 감히 발을 들여놓을 수도 없죠. 한국의 사교육은 철저히 경제적 논리에 따라 움직이며, 어떤 정책이든 흡수하여 소비자들을 유혹하고 있습니다. 괴물처럼 커져버린 사교육 시장을 누르고 공교육을 살리기 위해 나온 수많은 정책들이 사교육의 초현실적인 적응 능력 앞에 무릎을 꿇었습니다. 공교육도 이런 현실에 대한 책임으로부터 자유로울 수는 없습니다.

시간이 갈수록 교육 영역은 경제력에 많은 영향을 받고 있습니다. 부모의 경제적 지위에 따라 자녀의 대학이 달라지는 것은 기정사실이 되어 버렸어요. 경제상황이 나쁠 때면 생활비 중 교육비가 차지하는 비중이 제일 먼저 낮아지는 것도 자연스러운 현상이 되었죠. 경제 격차가 커질수록 아이들에게 주어지는 교육의 질이 달라집니다.

부모의 경제력에 따라 들어가는 엘리트 코스

영어 유치원 입학(5살) → 영어 중점 사립 초등학교 입학(8살) → 국제중학교 입학 (14살) → 특목고 입학(16살) → 명문 대학교 입학(19살)

대다수의 부모들이 꿈꾸는 자녀의 엘리트 코스입니다. 하지만 과연 저 코스를 밟기만 하면 아이는 성공한 삶을 살 수 있을까요? 이제 저 코스가 고소득층 자녀의 기본값이 되어가고 있습니다. 기본값을 충족하지 못하면 마이너스(-)값을 갖지요. 그들이 생각하는 마이너스값은 일반적인 환경에서 공부하는 평범한 아이들이 밟아가는 길입니다.

사교육 시장에서 강조하는 명문대에 입학하기 위한 엘리트 공식의 핵심은 선행학습입니다. 엘리트 코스를 밟기 위해 초등학생은 중학교, 중학생은 고등학교, 고등학생은 대학교의 학업 수준을 견디는 기형적인 교육을 받고 있습니다. 강도 높은 학업 수준을 견디며 열심히 쫓아가는 아이들의 고통은 미래에 딸 수 있을지 모를 열매보다 중요하지 않아요. 그 열매의 크기와 맛이 어떠한지도 뒷전입니다. 더 이상 영재교육은 영재를 위한 교육이 아니며 선행학습으로 잘 다져진 범재들의 자기소개서 이력의 한 줄이 되고 말았지요. 그리고 이 모든 교육이 부모의 경제적 능력에 따라 줄 세워집니다. 부모에 의해 줄을 선 아이들은 그 순서에 따라 사회 속으로 들어갑니다. 물론 아주 가끔씩 개천의 용과 같은 예외도 존재하지만 어디까지나 예외일 뿐입니다. 사교육의 폐해를 막기 위해 정부는 수많은 법안과 제도들을 만들었습니다. 10시 이후 학원 영업

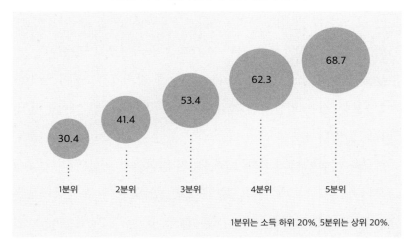

부모 소득에 따른 4년제 대학 진학률*(단위=%)

68.7

62.3

53.4

41.4

30.4

1분위   2분위   3분위   4분위   5분위

1분위는 소득 하위 20%, 5분위는 상위 20%.

그림 4. 2,000명의 학생을 10년 동안 관찰한 2015년의 연구결과에 따르면, 최고 소득계층의 4년제 대학 진학률이 최저 소득계층보다 2배나 높았다.

금지, 고액 과외의 불법화, 선행학습 금지법 등이 제정되었죠. 하지만 사교육 시장은 그 어떤 노력에도 끄떡없이 버티고 있습니다.

2010년 다양한 교육 수요를 만족시키기 위해 등장한 자율형 사립 고등학교(이하 자사고)는 탄생 전부터 이른바 귀족학교라는 우려

• 〈한국의 세대 간 사회계층 이동성에 관한 연구〉, 민인식·최필선(2015), 제10회 한국교육고용패널 학술대회 자료 참조.

를 낳았습니다. 최근에는 미달되는 학교도 있지만, 2010년 도입 당시에는 경쟁률이 10 : 1을 넘을 정도였지요. 자사고는 일반 고등학교에 비해 최대 3배의 등록금을 받을 수 있습니다. 넉넉한 재정을 바탕으로 자유롭게 학사일정을 운영할 수 있는 권한을 인정받았죠. 고등학교에서 자율성이 높아지면 목표점은 딱 하나뿐입니다. 입시 명문. 교육감의 인가를 받은 자사고들은 스스로 명문이 되기 위해 대학 입시 결과에 매달렸어요. 명문대 합격 인원은 길게 설명할 필요 없이 학부모들이 만족할 만한 교육 서비스를 제공하고 있다는 근거 자료였지요. 자사고의 인기가 높아질수록 나머지 일반 고등학교들은 슬럼화되어 갔습니다. 상위권의 아이들이 특목고나 자사고로, 중위권이 특성화고로 빠져나가면서 수업을 제대로 운영하기 힘든 지경에 이르렀지요. 교실의 면학 분위기를 조성해주고, 수업에 적극적으로 참여하는 학습 의지를 가진 아이들이 대부분 빠져나갔기 때문입니다. 3배의 등록금을 지불할 능력이 되는 부모의 아이들은 대학 입시에 몰두할 수 있는 환경에서 비슷한 수준의 친구들과 함께 공부합니다. 그리고 이 학교를 졸업하고 나면 학연이라는 사회적 자본이 따라옵니다.

사회적 자본과 지균충

사회적 자본은 신뢰를 바탕으로 한 인적 네트워크를 말합니다. 부모들은 누구나 자녀들에게 도움이 되는 사회적 자본을 만들어주기 위해 노력합니다. '친구 따라 강남 간다.'는 말은 부모의 기준에 맞춰진 인간관계의 진리와 같은 말이 되었죠. 그리고 속담 속 강남은 따뜻해서 먹고 살기에 좋은 곳이 아니라 사교육 시장의 중심지, 비싼 집값을 자랑하는 동네가 되었습니다.

최근에는 소위 '좋은' 학교에 배정받기 위해 교육청에 민원을 넣거나 학부모들이 집단행동을 하는 경우도 많아졌어요. 성적을 올리는 데 최적화된 공간에서 부모가 만족할 만한 비슷한 조건을 갖춘 친구들과 함께 수업을 받습니다. 대단지 아파트 근처에 있는 학교의 아이들이 친구가 사는 아파트 동·호수만 들어도 크기와 임대 아파트 여부를 다 안다는 쓸쓸한 이야기도 들립니다. 청소년기의 또래관계는 인생에 중요한 영향을 미칩니다. '좋은' 학교에서 사귄 '좋은' 친구들은 성인이 되어서도 든든한 사회적 자본이 되지요. 어렸을 적 연결된 동문이라는 연줄은 성인이 되어서 든든한 내 편이 되어줍니다. 사회생활이 어려울 때 서로 도와주는 사회적 자본을 부모 세대가 경험하며 자라왔기 때문에 자녀에게도 이런 관계를 맺어주기 위해 노력하죠. 집값에 영향을 미치는 가장 중요한 요소가 학군이라는 것은 우리나라 국민이라면 누구나 아는 사실입니다. 학교가 가까울수록, 학원가에 근접할수록 집값은 상승합니다. 그리고 상승한 집값은 아무나 들어올 수 없게 진입장벽을 높입니다. 높은 집값은 기본이고, 고가의 사교육에도 부담이 없는 경제력을 가진 사람들을 모읍니다. 그렇게 그들이 기대하는 좋은 학군이 만들어지는 것이죠.

앞에서 잠깐 언급한 '지균충'에 대해 이야기해보겠습니다. 몇 해 전 지균충이라는 충격적인 단어가 대학가에서 흘러나왔어요. 지역균형 전형은 대학 입시에서 지역 간 불균형을 바로잡기 위해 특정 지역에 혜택을 주는 제도이죠. 지균충은 이 전형을 통해 선발된 학생들을 벌레를 뜻하는 충蟲을 써서 비웃듯이 부르는 말이에요. 인권 차별적인 신조어를 만들어낸 당사자는 누구일까요?

밤낮없이 학업의 무게를 견디며 10대 시절을 지나온 아이들이 있습니다. 이들은 자신이 힘들게 바늘구멍을 비집고 들어올 동안 지역균형이라는 엘리베이터를 타고 손쉽게 들어온 학생들을 무임승차자라고 생각해요. 모든 땀에는 나름의 가치가 있습니다. 내가 겪은 것만 힘들고 어려운 것이 아니지요. 앞으로 사회를 이끌어나갈 세대들이 만들어낸 지균충이라는 말에 대해 기성세대들은 뼈저리게 반성해야 합니다.

공부에 왕도는 없지만 경제적 논리로 왕도라는 표지판을 세웠습니다. 경제적으로 여유로운 부모들은 공부의 왕도를 가는 자녀들을 보며 안심하지요. 그 길이 아닌 다른 길을 가는 사람들을 무시하고, 자신과 다르다고 분류합니다. 이런 아이들에게 인성마저 교육으로 가르쳐야 한다는 것은 우리 교육계의 슬픈 현주소입니다.

부모의 재력이 곧 자녀의 입시 결과가 되어버린 상황에서 이제 개천에서 나온 용은 그저 신화가 되어버렸습니다. 신화는커녕 뒤에서 수군거리며 비웃음의 대상으로 전락했지요. 이미 명문대 학생들 중 강남 3구의 전문직 부모를 가진 아이들의 수가 3분의 1에 육박하고 있습니다. 이는 대기업 신입사원의 비율에도 영향을 미치고 있죠. 태어남과 동시에 그 아이의 인생이 결정되는 기형적인 사회구조가 개인을 넘어 사회 전체의 동력에 빨간 신호를 보내고 있습니다.

　격차가 점차 벌어지는 것을 보고도 가만히 있는 것은 성장 잠재력을 제 발로 차버리고 죽은 사회로 가는 것과 다름없습니다. 모든 아이들은 저마다의 잠재력이 있고, 인재가 될 가능성을 가진 존재이기 때문입니다. 누구나 개천 용의 신화가 깨졌다는 것에 동의합니다. 하지만 기울어진 운동장에서 아무리 뛰어봐야 앞으로 나아가지 않는 현실에 좌절하며 어릴 적부터 차별에 익숙해지고 있는 아이들의 미래는 사라진 개천 용 신화보다 더 슬픈 현실로 다가옵니다.

　교육 차별은 자라나는 우리 미래에 가해지는 차별이기 때문에 그 어떤 차별의 사례들보다 더 가혹한 결과를 가져옵니다. 그들이 보고 배운 사회는 차별이 가득한, 암울하고 미래가 보이지 않는 곳일 거예요. 사회로 나가는 출발선이라는 점에서 교육은 그 어떤 영역보다도 공평해야 합니다. 또한 출발선이 다르다 할지라도 달리는 동안 공교육을 통해 출발의 격차를 어느 정도 줄일 수 있어야 합니다. 누구에게나 동등한 교육 환경을 만들어줄 때 미래 사회의 성장 잠재력을 키워줄 자양분이 쌓일 수 있을 겁니다.

정보차별: 나만 왜 그 정보를 듣지 못했을까?

우리는 누구나 우물 안에서 살고 있습니다. 저마다 그 우물의 크기가 다르지만요. 인간은 자신이 아는 만큼 볼 수 있으며, 내가 보는 만큼 살아갑니다. 살아가면서 부딪히는 모든 문제들을 이 우물 속 정보를 통해 해결해갑니다.

정보의 흐름 = 부의 흐름

정보가 힘을 가지려면 알고 있는 사람이 많지 않아야 합니다. 누구나 다 알고 있다면 이미 힘이 다 빠져버린 소식일 뿐이지요. "자, 내가 가진 정보를 알려줄게." 이 말에 귀가 솔깃하지 않을 사람이 있을까요? 그 내용이 무엇이 되었든 그 사람이 가지고 있는 정보가 무엇인지 호기심이 안 갈 수가 없겠죠. 누구나 정보에 목마르기 때문에 정보가 풀리는 곳엔 늘 사람들이 몰립니다. 옆에 앉은 사람들이 머리를 맞대고 모여 중요한 이야기를 하는 것처럼 보이면 저절로 귀가 기울여지기 마련입니다. 우리의 눈과 귀는 본능적으로 유의미한 정보를 찾습니다. 수렵과 채집을 하던 시기부터 정보는 굉장히 중요했어요. 어느 지역에 과일이 많이 달려 있는지, 잡을 수 있는 동물들이 얼마나 있는지 같은 정보는 생존과 밀접한 관계가 있었습니다.

정보가 생존에 지대한 영향을 미치던 시대를 넘어 이제는 정보가 돈이 되는 시대가 되었습니다. 금융재벌인 로스차일드 가의 네이선 로스차일드Nathan Rothschild는 정보를 수집하여 돈을 버는 데 귀재였습니다. 1806년 프랑스의 나폴레옹이 다른 유럽 국가들에게 영국을 유럽 대륙으로부터 봉쇄시키겠다고 선포하자 영국에 있던 네이선은 정보망을 이용하여 프랑스 감시를 피해 영국 상품을 비밀리에 팔아 이익을 남겼습니다. 당시 유럽에서 가장 산업이 발달한 영국 제품은 품질도 좋고 값도 싸서 유럽에서 인기가 많았거든요. 1815년에는 워털루에서 있었던 나폴레옹의 마지막 전투에서 영국이 속한 연합군이 승리했다는 정보를 미리 알아낸 뒤, 전쟁에서 질 것을 우려해 가격이 폭락했던 영국의 국채를 헐값에 사들여 20배 이상의 수익을 올릴 수 있었습니다. 과연 로스차일드에게 정보는 돈을 벌어다주는 황금 손이었습니다. 지금도 주식시장에서는 일반 소액 투자자들의 수익률은 저조하지만, 많은 정보를 보유하고 있는 기관투자자, 외국인 투자자들의 수익률은 높습니다. 이제 정보가 흐르는 곳에 부도 같이 흐른다는 것을 알 수 있겠지요?

제4차 산업혁명 시대를 이끄는 핵심 분야는 빅데이터 활용입니다. 지금까지는 원유가 세계경제와 산업에 지대한 영향을 미쳤지만 미래 사회는 빅데이터가 원유와 같은 역할을 수행하게 될 겁니다. 빅데이터 속에서 유용한 정보만을 골라 가공하여 새로운 부를 창출할 수 있는 기회도 많아지고 있습니다. 새로운 정보를 만들어내는 것이 아니라 그저 가공하기만 해도 부가가치를 창출할 수 있게 된 것이죠. 구체적으로 양질의 진실한 정보들을 얼마나 가졌는지, 정보를 가공할 힘이 있는지, 정보를 통제할 수 있는지에 따라 부의 흐름이 달라질 것입니다. 앞으로 효율성을 높이기 위해 많은 산업 분야에서 인공지능과 연계한 빅데이터 활용이 본격화되면, 부는 정보의 흐름에 따라 빠르게 이동할 것입니다. 그렇기 때문에 정보차별은 이전의 그 어떤 시대보다도 더 큰 경제적 격차를 불러올 수밖에 없습니다. 누구나 공유하는 정보를 갖지 못한 채 경쟁을 시작한다면 이미 출발부터 지는 게임이 되고 맙니다.

정보를 가진 자가 권력을 쥘 수 있다

영국의 철학자 프랜시스 베이컨Francis Bacon의 "아는 것이 힘이다."라는 말처럼 정보는 권력과 관련되어 있습니다. 비단 오늘날만의 이야기가 아닙니다. 중세시대에는 일반인들이 읽기 어려운 라틴어로 된 성서를 읽을 수 있었던 성직자들이 중요한 정보를 장악하고 권력을 차지했습니다. 라틴어를 자국어로 번역하기만 하면 더 많은 사람들이 성서의 내용을 공유할 수 있었지만 그들은 한사코 피했죠. 정보를 모든 이들이 갖게 된다면, 권력을 낳는 정보로서의 가치를 잃어버리기 때문입니다. 돈을 주면 죄를 씻어준다는 중세시대 가톨릭 교회에서 판매한 면죄부는 당시 라틴어로만 작성되어 있던 성경 내용을 사제들이 독점하고 있었기에 팔 수 있었습니다. 이후 16세기부터 시작된 종교개혁 이후 성경은 누구나 읽을 수 있게 자국어로 번역되었습니다.

우리나라 역사에서도 문자는 권력을 나누는 중요한 요소가 되었습니다. 세종대왕께서 백성을 불쌍히 여겨 한글을 창제하셨을 때 이를 거부하며 한자를 고집했던 양반들이 많았습니다. 아마도 백성들이 많은 정보를 알게 되면 자신의 기득권 유지에 어려움이 생길 것이라는 계산도 있었을 겁니다.

정보를 가장 먼저 차지하는 사람들 또한 권력자들입니다. 우리나라의 국가정보원이나 미국의 연방수사국 FBI처럼 각 나라들은 비밀요원들까지 동원하여 중요한 정보들을 수집합니다. 상대방에게 정보를 어느 정도까지 공개하느냐는 권력을 가진 정보 소유자가 결정합니다. 국가 안보나 공익을 위해서 비공개가 필요하지만, 극소수의 사람만이 공유하는 정보는 희소하기 때문에 경제적 가치가 높아요. 지금은 국가 안보나 공익을 위해 비공개로 해둔 정보를 사적으로 이용하면 처벌을 받지만, 과거에는 개발 지역을 미리 알거나 기업 관련 정보를 미리 수집하여 그 경제적 가치로 돈을 번 사람들이 있었어요. 정보차별을 통해 경제적 이득을 누렸지요.

사람들이 정보를 원하는 것은 본능입니다. 우리의 삶은 매 순간마다 선택을 필요로 합니다. 항상 최적의 선택을 위해 정보 수집은 필수이죠. 그래서 늘 정보에 목말라 있습니다. 내가 갖지 못한 정보를 상대방이 가졌다면 비용을 지불하더라도 그 정보에 대한 소유욕을 불태웁니다. 하지만 개인이 손에 쥘 수 있는 정보의 양과 질은 안타깝게도 사회·경제적 지위에 비례합니다. 다양한 정보를 가지고 있다면 이것들을 고려하여 더 유리한 결정을 내리기 쉽습니다. 그렇기 때문에 다른 사람이 갖지 못한 정보에 대한 목마름이 있죠. 사회의 어떤 영역이든 정보가 필요하지 않은 분야가 없습니다. 정보가 없다면, 또는 타인이 가진 정보를 따라가기만 한다면 정보 빈곤자가 될 수 있어요. 정보의 격차는 곧 빈부격차로 연결됩니다.

아직도 존재하는 일부 독재 국가에서는 정보를 통제하여 국민들에게 왜곡된 정보를 보내는 경우가 많습니다. 정부에 비판적인 견해나 자유롭게 생활하는 외국의 사례를 보면 권력을 무너뜨릴 수도 있는 위험한 정보가 흘러들어올 수 있기 때문입니다. 1945년 미국 AP 통신사의 켄트 쿠퍼Kent Cooper는 〈뉴욕타임스〉에 실은 기고문에서 "시민은 완전하고 정확하게 제시되는 뉴스를 접할 권리를 갖고 있다. 알권리에 대한 존중 없이는 어느 한 국가나 세계적으로나 정치적 자유란 있을 수 없다."라고 주장했습니다. 우리나라의 〈공공기관의 정보공개에 관한 법률〉 제1조에서는 "공공기관이 보유·관리하는 정보의 공개의무 및 국민의 정보공개 청구에 관하여 필요한 사항을 정함으로써 국민의 알권리를 보장하고 국정에 대한 국민의 참여와 국정운영의 투명성을 확보함을 목적으로 한다."라고 규정하고 있습니다. 알권리는 정보차별로부터 벗어나 누구나 평등하게 정보를 가질 수 있게 합니다. 정보가 투명하게 공개될수록 국민들이 권력자를 감시할 수 있고, 권력자 또한 국민들이 두려워 올바른 길로 나갈 수 있게 합니다.

정보를 발 빠르게 나르는 SNS

정보 매체는 기술 발전과 함께 급속도로 대중화되고 있습니다. 덕분에 누구나 접속할 수 있는 SNS가 우리의 일상으로 자리 잡았습니다. SNS에는 새로운 정보는 물론 가공된 정보들이 넘쳐납니다. 뉴스 자료나 전문가가 제공하는 정보를 자신의 입맛에 맞게 조각조각 자르고 이어붙인 정보들도 SNS를 떠돕니다. 생명이 짧은 인스턴트 정보가 난무하며 시시콜콜한 빅데이터들이 쏟아져 나오고 있어요. 내가 올린 정보가 순식간에 지구 반대편까지 전해지는 시대에 살고 있습니다.

정보 분야는 일단 물꼬만 터지면 모든 차별 영역 중 가장 허물어지기 쉬운 영역이에요. 많은 사람들이 스마트폰이라는 매개체를 통해 그 어느 때보다도 정보에 자유자재로 접근할 수 있게 되었습니다. 누구나 원하는 정보를 찾을 수 있고, 만들 수 있게 되면서 얻은 정보 중 어떤 것이 진실하고 가치 있는 정보인지 가려내는 능력이 필요해졌습니다. 왜 진실한 정보를 구분해야 할까요? 정보는 모두 믿을 수 있는 것 아닐까요? 전 세계적으로 가짜뉴스가 새로운 사회문제로 등장했습니다. 누군가 악의적으로 만든 거짓된 정보는 사회 혼란을 야기합니다. 거짓 정보가 아니더라도 대중들이 직접 생산한 비공식적인 정보가 문제를 일으키기도 합니다. 정보는 한두 사람만 건너면 출처가 불분명해지는 일이 많기 때문에 비전문가가 만든 정보가 전문가의 의견으로 둔갑하기도 쉽습니다.

이미 SNS를 통해 공유된 정보들이 빅데이터를 구축하고 있으며, 이제는 관심만 있으면 누구나 시간을 투자하여 전문가처럼 정보를 생산할 수 있게 되었습니다. 정보 생산의 장벽이 낮아졌지요. 과거에는 특정 분야의 전문가만이 믿을 수 있는 정보들을 생산할 수 있었습니다. 그러나 이제는 아마추어들도 전문가 못지않게 정확하고 유용한 정보들을 만들어낼 수 있게 되었어요. 이들의 특징 중 하나는 자신이 생산한 정보를 만인에게 공개하는 것입니다. SNS의 확대로 이들의 활약은 더욱 주목을 받게 되었어요. 처음에는 반신반의했던 대중들은 그들이 주는 유용한 정보에 점차 귀를 기울이게 되죠. 제공하는 정보가 쌓일수록 정보 생산자는 그 어떤 전문가보다도 더 주목받게 됩니다. 대중들에게 알려지지 않은 정보를 제공하면서 많은 사람들의 호기심을 자극합니다. 이들은 정보차별이 아닌 공유를 선택하면서 또 다른 이득을 얻습니다. 만인이 공유할 수 있는 정보를 제공하고 그들이 얻는 대가는 유명세입니다. 그리고 요즘은 그 유명세를 이용해 경제적 이득을 얻기도 합니다. 그들이 운영하는 SNS가 높은 값에 팔리기도 하고, 협찬이라는 이름의 온갖 상품들이 무상으로 제공되기도 합니다. 때로는 그동안 제공해온 정보들을 엮어 서적과 같은 2차 저작물이 나오기도 합니다. 그래서 누구나 정보 전문가, 더 나아가 생산자가 되기 위해 노력하는 시대가 되었습니다.

자, 이제 손가락으로 두드리기만 하면 차고 넘치는 정보들을 얻을 수 있게 되었습니다. 이러한 시대에는 정보 매체를 누가 가지고 있느냐 하는 1차적인 차별의 단계를 넘어서 가치가 있는 정보를 수집할 수 있는지, 그 정보들은 올바른 것인지 여부가 중요해졌습니다.

21세기 인재들에게 요구되는 여러 역량 중 미디어를 수용하고 해석할 줄 아는 미디어 리터러시media literacy가 최근 강조되고 있습니다. 앞으로 미디어 정보 해독력을 기반으로 한 정보 생산자로서의 대중들의 역할이 많아지면서 정보차별의 벽은 우리 스스로 낮출 수 있게 될지도 모릅니다. 4차 산업혁명 시대에 여러분은 어떤 정보를 선택하시겠습니까?

성차별: 누가 여성을 약자로 만들었나

사회적 약자는 앞에서 보았듯이 대부분 사회·경제적 지위와 관련되어 있습니다. 하지만 경제 영역 밖에도 약자는 존재합니다. 문제는 이 영역에 위치한 약자들은 아무리 노력해도 현실에서 벗어날 수 없다는 것이죠. 여성, 장애인, 노인, 어린이, 성소수자 등이 그러합니다. 이들이 처해 있는 상황은 노력만으로는 벗어나기 힘듭니다. 하지만 그들에게 가해지는 차별은 참기 힘든 것이죠. 약자의 반대편에 있는 강자들은 때로는 절대 다수이거나 물리적인 힘이 강한 사람들입니다.

남녀의 차이와 성차별

세상의 반을 나누어 가지고 있는 남자와 여자는 아주 오래된 옛날부터 가깝지만 먼 관계였습니다. 존 그레이John Gray의 《화성에서 온 남자, 금성에서 온 여자》처럼 남자와 여자는 지구를 사이에 두고 1.2억 킬로미터나 떨어진 화성과 금성에서 살고 있는 설정만큼 신체적으로나 정서적으로 매우 다른 세계에 살고 있습니다. 다른 차이들과 마찬가지로 남녀 차이도 차별의 영역이 존재합니다. 생물학적인 차이로 시작된 강자와 약자가 오늘날의 성차별까지 영향을 미쳤지요.

남녀 차별은 언제부터 시작되었을까요? 아주 오래된 옛날까지 거슬러 올라가봅시다. 우리 조상들이 처음으로 농사를 짓기 시작했을 시절로요. 농사는 식량을 찾아 이곳저곳을 떠돌다 지친 사람들에게 한곳에 정착을 할 수 있게 해주었어요. 먹을 것을 찾아 여기저기 힘들게 이동하던 시대에서 벗어나 노력만 하면 얼마든지 필요 이상의 식량을 얻을 수 있게 되었습니다. 원시 공동체 사회에서 '잉여 생산물'이 나오면서 수평적이던 인간관계는 수직적으로 바뀌기 시작했습니다. 점차 신분이 나눠지게 되었지요. 또한 전쟁을 통해 얻은 전리품으로 식량에 여유분이 생기자 공로가 큰 사람에게 가축이나 포로를 상으로 주면서 사유재산의 격차는 더 벌어졌어요. 신체 조건의 차이로 인해 높은 공을 세우는 이들은 여자보다는 남자들이 많았지요. 신체적으로 더 강한 힘을 지녔고, 임신과 출산을 하지 않아도 되었기에 생물학적으로도 자유로웠어요. 점점 남자들이 차지하는 잉여 생산물이 여자에 비해 많아지게 되었습니다.

재산을 소유한 자는 가진 것을 이용하여 그렇지 않은 자를 지배할 힘을 갖게 됩니다. 공동체는 시간이 지날수록 남자가 중심이 되는 부권사회가 자리를 잡습니다. 힘이 센 남자가 지배하는 사회에 여자는 종속된 구성원으로 참여하는 것이지요.* 잉여 생산물을 통해 권력을 차지한 남자들은 집단의 많은 영역에서 여자보다 우위를 차지하게 됩니다. 시간이 흐를수록 성별에 따른 역할이 굳어졌습니다. 주어진 성별 때문에 어쩔 수 없이 해야만 하는 것과 해서는 안 되는 것들이 정해졌습니다. 이렇게 시작된 남녀 차별의 역사는 수세기에 걸쳐 이루어졌습니다. 그렇다면 수세기에 걸쳐 이루어진 차별이 왜 하필 최근 100여 년에 걸쳐 문제가 됐을까요?

그 많던 알파걸들은 어디로 갔을까?

남녀 차별이 겉으로 드러나게 된 것은 여성의 투표권 인정과 사회 진출이 점점 많아지게 되면서부터입니다. 인간에게 호락호락하지 않았던 원시사회에서는 성별 분업이 생존을 위한 전략이었습니다. 시간이 지날수록 생존에 대한 문제가 어느 정도 해결되자 인간은 본인의 능력을 발휘할 수 있는 사회생활을 통해 자아실현을 추구했습니다. 사회구조가 복잡해지고 직업이 다양해지면서 가정의 일에 전념했던 여성들이 외부 활동에 적극적으로 나서기 시작

• 《10대와 통하는 노동 인권 이야기》, 차남호(2013), 철수와 영희, 34쪽

했죠. 20세기 후반에 들어서면서 거의 모든 민주주의 국가의 여성들은 투표권을 가지게 되었으며, 사회 진출도 많이 하게 됩니다. 여성들의 활동 분야가 점점 넓어지기 시작했습니다.

본격적으로 시작된 여성들의 사회 진출에 '알파걸Alpha Girl'이라는 새로운 수식어도 등장했습니다. 모든 분야에서 뛰어난 성과를 보이는 엘리트 여성을 말하는 용어입니다. 2006년 미국 하버드 대학의 아동심리학자인 댄 킨들런Dan Kindlon 교수의 저서 《알파걸, 새로운 여자의 탄생》에서 처음 나온 말입니다. 이 용어가 사회에 나오자 과거 남성의 뒤에 가려졌던 여성들의 사회적 성장을 '알파걸'이라는 이름으로 칭찬했습니다. 하지만 시간이 갈수록 알파걸들은 우리의 기억 속에서 사라져갔어요.

어렸을 적 알파걸의 수식어를 달고 또래 남자 아이들보다 뛰어난 실력을 보이며 칭찬 속에서 자라온 아이들이 이제 사회 진출을 할 나이가 되었습니다. 그들은 능력을 인정받아 사회 곳곳에 자리를 잡았지요. 그리고 '최초'라는 수식어를 붙이고 성별의 한계를 넘어 남성들만의 영역에 들어가기도 했어요. 하지만 이제 그들에게 알파걸이라는 칭찬은 사라진 지 오래입니다. 유리천장을 경험하며 좌절감을 맛보기도 했으며, 출산 및 육아로 인해 경력 단절의 아픔을 겪었고, 사회적으로 혐오의 대상이 되기도 했습니다. 여성을 대상으로 한 '묻지 마' 범죄들은 성별에 따른 수평적 폭력의 특징을 보이고 있습니다. 최근에는 여성혐오 범죄에 대항한 남성혐오 현상이 나타나면서 성차별을 넘어선 사회 분열의 조짐이 나타나고 있어요.

출산율과 여성 사회 진출의 불편한 관계

여러분은 줄어드는 출산율의 원인이 무엇이라고 생각하나요? 여성의 사회 진출이 많아졌기 때문이라 대답하는 사람들이 많을 것 같군요. 출산과 육아를 담당해야 할 여성들이 가정이 아닌 직장에서 시간을 보내고 있으니 당연히 출산율이 저하될 수밖에 없겠지요. 생물학적인 이유로 출산은 여성만이 할 수 있지만, 육아는 어떤가요? 앞으로 남녀가 서로를 이해하며 평등한 가정을 이루기 위해 반드시 생각해봐야 할 문제입니다.

최근 젊은 여성들 중 결혼을 하지 않는 '비혼'에 대해 긍정적인 생각을 가진 사람들이 많아지고 있습니다. 학업과 취업을 통해 자아실현을 경험한 자존감 높은 여성들이 굳이 결혼을 통해 겪어야 할 임신, 출산, 육아, 살림, 시댁을 포함한 가족 문제 등 모든 것을 감내하고 결혼을 선택할 이유가 없어진 것이죠. 주변에서 들리는 결혼에 대한 압박과 가끔 외로울 때마다 흔들리는 마음도 그들을 설득하기에는 역부족입니다. 과거 부정적인 이미지를 가진 노처녀가 아닌 '골드미스'라는 긍정적인 색을 가지게 된 것도 한몫했습니다. 미혼 여성에 대해 관대해진 사회 변화를 엿볼 수 있죠. 곱게 키운 딸이 결혼으로 인해 그동안 쌓은 커리어와 지위를 잃는 것을 원치 않는 부모도 그녀들의 선택을 지지해줍니다.

2016년 행정자치부의 홈페이지에 '가임기 여성 출산지도'가 올라왔다가 여성들의 분노를 가져온 사건이 있었습니다. 행정자치부는 저출산에 대한 경각심을 유도하고 해결하려는 취지로 만들었다고 밝혔지만, 이를 받아들이는 시민들의 생각과는 온도 차이를 보였습니다. 경각심 유도는커녕 여성을 출산 기계로 취급하느냐는 비판이 일었지요. 이미 출산으로 인해 사회생활에서 불이익을 받고 있다고 생각하는 여성들에게 '여성 = 출산'이라는 이미지를 덧씌우는 것에 대한 거부감이 표출된 겁니다. 게시글은 바로 삭제되었지만 여성들이 받은 상처는 어떻게 지울 수 있을까요?

제도적·비제도적으로 남녀에게 강요되고 있는 성역할은 차별을 가져왔습니다. 정부에서는 법과 제도를 통해 이런 차별을 줄이기 위한 노력을 하고 있지요. 하지만 사람들의 인식 변화 없이 단순히 특정 성별을 우대하는 정책은 역차별의 우려가 있습니다. 사회의 반을 나누고 있는 여성과 남성 간의 갈등과 차별이 남성혐오와 여성혐오로 드러나 사회문제로 비화되고 있는 지금, 우리 사회가 앞으로 어떤 선택을 해야 할까요? 여성가족부를 폐지하는 것으로 차별의 불씨가 사라지는 것일까요?

여성 피해자와 남성 가해자? NO!!

통계청에서 발표한 2016년 범죄 피해자 성별 통계를 살펴보면 흥미로운 점이 눈에 띕니다. 절도, 사기, 횡령과 같은 재산범죄나 폭행범죄, 위조범죄와 같은 대부분의 형법상 범죄 피해자는 남성이 여성보다 많습니다. 하지만 딱 두 영역에서는 여성 피해자가 더 많았습니다. 살인, 강도, 방화, 성폭력과 같은 강력범죄와 음란행위가 들어있는 풍속범죄가 그것입니다. 물론 전체 범죄 피해자의 수는 남성이 훨씬 많았습니다. 하지만 뉴스에 등장할 정도로 사회적 파급력이 큰 흉악한 강력범죄인 살인과 강도의 피해자가 여성이 많기에 그 비율이 실제보다 더 크게 느껴지게 합니다. 이것은 범죄 피해자 통계에 성차별적인 시선이 겹치면서 남성 가해자와 여성 피해자라는 고정된 성관념을 갖게 합니다. 모든 성을 동등한 입장에서 보는 것이 아니라 약자와 강자로 양분시켜 인식하기 때문이죠. 이 과정에서 가장 조심해야 할 것은 남성들을 잠재적 가해자로 보는 잘못된 시선입니다. 따라서 통계자료와 미디어에 노출된 범죄사건 보도에 대해 조심스럽게 접근해야 합니다.

최근 범죄 피해자 성별과 관련된 이슈는 성혐오라는 또 다른 사회문제를 불러오고 있습니다. 묻지 마 범죄나 우발적인 범행의 대상이 여성인 사건들이 뉴스를 통해 전해지면 성혐오를 더 부채질

합니다. 범인이 밝힌 범행의 이유가 '별다른 원한 관계나 아무 이유 없이, 그저 여자라서' 저지른 수평적 폭력의 형태도 나타납니다. 수평적 폭력은 앞서 이야기했듯이 원인을 제공한 사람이 아니라 아무 상관없는 제3자에게 분노를 해소하는 것을 말합니다. 나보다 약하다고 생각하는 상대에게 가하는 비뚤어진 폭력입니다. 이런 현상에 대해 여성의 사회적 지위와 연관지어 해석하는 견해가 있습니다. 여성을 대상으로 한 수평적 폭력이 많은 사회일수록 여성의 사회적 지위가 낮거나, 아니면 과거에 비해 높아진 여성의 지위를 쉽게 받아들이기 어려운 사회라는 겁니다. 우리 사회는 어떤가요? 전자일까요, 후자일까요?

자신이 선택할 수 없는 생물학적인 조건만으로 범죄의 대상이 된다면 우리 사회의 반이 불안에 떨고 살 수밖에 없습니다. 극히 일부의 범죄자들에 의한 일이지만 불특정 대상이 되는 여성들에게는 공포 그 자체가 될 수 있습니다. 그러면 다수의 평범한 남성들에 대한 여성들의 의심이 그들로 하여금 오해의 소지를 불러일으키고 서로에 대한 오해들이 쌓여 지금의 남성혐오와 여성혐오가 나오게 되는 것이죠. 어두운 밤길을 혼자 걸어가며 두려움에 떠는 여성과 그저 가는 길이 같아서 뒤에 걸어가고 있을 뿐인 남성의 억울함은 어떻게 해결해야 할까요? 성차별은 우리 사회의 에너지를 반으로 나누는 불안 요소입니다. 앞으로 성별로 인한 차이를 당연한 것으로 받아들이고 서로의 존재를 존중할 수 있을까요? 사회는 변해가고 있지만 여전히 전통적인 성 관념에 사로잡혀 있다면 그러한 미래는 앞으로 오지 않을지도 모릅니다.

| 사회 속 차별 여섯 |

다문화집단 차별: 당신은 왜 우리나라에 왔습니까?

제19대 국회에서는 귀화한 외국인 최초로 국회의원이 된 사람이 있습니다. 정당의 득표율에 따라 순번제로 당선된 비례대표 의원이지만 우리나라 정치에서 가진 상징성은 주목해볼 만해요. 앞으로 수년 안에 외국인 출신의 지역구 의원이 나올지도 모릅니다. 정치는 우리 사회의 문제를 해결하는 역동적인 과정입니다. 따라서 정치 과정에서 사회를 구성하는 여러 집단들이 영향력을 행사하고 참여합니다. 정치 과정에 참여하는 집단들은 시간이 지날수록 더 세분화되고 많아질 거예요. 특정 직업, 지역, 연령, 성별 등을 대표하는 다양한 집단들이 등장했기 때문이에요. 최근 다양한 문화적 배경을 가진 해외 이주민들이 새로운 집단을 형성해가고 있어요. 사실 이미 한국에 자리를 잡은 이주민들은 많았지만, 불안한 신분이나 사회적 분위기로 인해 조용히 지냈던 그들이 정치적으로 나설 만큼 다문화 사회가 성숙되었다는 것을 보여줍니다.

일반적으로 거주하고 있는 이주민의 비율이 전체 인구의 5퍼센트 수준에 이를 때 그 사회를 다문화 사회라고 합니다. 우리는 어떨까요? 미디어에서 다문화와 관련된 기사나 프로그램을 보고 느끼게 된 사람도 있고, 주변에서 외국인 이웃들이 자주 눈에 띄게 되면서 몸소 체험한 사람도 있을 겁니다. 2017년 행정안전부의 〈지방자치단체 외국인 주민 현황〉 통계에 따르면 이주민은 전체 인구의 3.6퍼센트를 차지했습니다. 물론 지역별로 정도의 차이가 있어 이주민의 비율이 10퍼센트가 넘는 지역도 있어요. 우리 사회도 점차 다문화 사회가 되었다고 말하기에 자연스럽게 되었습니다. 그렇다면 그들의 사회참여 정도는 어떠할까요? 투표권을 가진 귀화한 외국인의 비율(국내 거주 외국인 중 9.1퍼센트)*이 낮은 만큼 정치 참여는 여전히 미미한 수준입니다. 하지만 우리 사회에서 그들이 차지하고 있는 자리가 갈수록 커지고 있는 만큼 사회에 미칠 영향력은 앞으로 더 높아질 겁니다.

한국 사회에서 다문화라는 용어 속에 묶인 사람들은 한국에 대해 어떤 생각을 가지고 있을까요? 한국의 주류 문화에서 벗어나 소외감을 느끼고 있지는 않을까요? 우리 사회의 다문화 경향을 사회 불안의 잠재적 요인으로 지적하는 시각도 있습니다. 그들과 우리를 나누어 아직까지는 한국 사회의 일원으로 받아들이기 어렵기 때문이겠지요. 집단을 나누는 기준이 견고하고 뚜렷할수록 차별을 불러올 가능성이 높습니다. 결국 이로 인해 사회의 위험 요소가 될 수 있겠지요.

최근 다문화 학생 비율이 높은 서울의 초·중학교의 전출 비율을 보면 다문화 집단과의 선긋기가 어릴 때부터 시작되고 있다는 것

....

• 〈지방자치단체 외국인 주민 현황〉, 행정안전부(2017) 통계자료 참조.

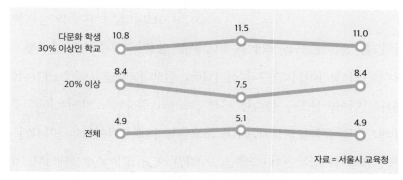

다문화 학생 비율이 높은 서울 초·중학교 전출률(단위=%)

다문화 학생 30% 이상인 학교	10.8	11.5	11.0
20% 이상	8.4	7.5	8.4
전체	4.9	5.1	4.9

자료 = 서울시 교육청

그림 5. 3년간의 통계를 통해 다문화 학생의 비율이 높을수록 초·중학교 전출률과 다문화 비율이 서로 상관관계가 있다는 것을 알 수 있다.

을 알 수 있습니다. 다문화 학생의 비율이 높은 학교일수록 부모가 한국인인 아이들의 전출이 많아졌습니다. 다문화 학생의 비율이 30퍼센트 이상인 서울의 5개 학교 전출 비율은 2015년 10.8, 2016년 11.5, 2017년 4월에는 11퍼센트였습니다. 서울시 전체 평균이 각 연도마다 4.9, 5.1, 4.9퍼센트인 것을 감안하면 꽤 높은 수치이지요. 공부할 분위기가 조성되지 않아 학업에 불이익을 받을 수 있다는 우려로 자녀들을 전학시키는 학부모들이 많았습니다. 한편으로는 이런 현상이 이해가 됩니다. 주변 환경의 영향을 많이 받는 청소년기에 부모가 판단하기에 적합한 환경으로 전학을 보내는 것은 그들의 선택이기 때문입니다. 주변 친구들이 하나

둘씩 전학을 가는 모습을 보면서 조바심이 느껴지기도 합니다. 이 통계자료를 통해 다문화 학생들이 많이 다니는 학교의 전학 비율이 전체 전출률보다 높게 나타나게 된 원인을 생각해보는 것이 중요합니다.

한국인 학생들이 빠져나간 자리에는 다문화 학생들이 남았습니다. 이렇게 남겨진 사람들은 또다시 그들끼리 고립되고 맙니다. 그러면 외부의 따가운 시선으로부터 스스로를 보호하기 위해 그들 집단이 더욱 단단해지겠죠. 시간이 지날수록 문화적 기준에 의해 나누어진 집단 간의 간격은 더욱 벌어집니다. 다문화 가정의 아이들 역시 낯선 공간에서의 생활이 어렵기만 합니다. 새로운 문화에 대한 적응도 어렵고, 한국말로 진행되는 수업을 쫓아가기가 힘듭니다. 낯선 환경 속에서 낮은 학업 성적을 받는 아이들이 적지 않습니다. 학습 능력이 떨어진다는 이유로 다문화 가정의 학생들이 우리 사회에 긍정적으로 미칠 잠재력마저 과소평가되어야 할까요? 아무리 잠재력이 있는 아이일지라도 사회로부터 차가운 시선을 받으면 마음이 닫혀버리고 맙니다. 잠재력은커녕 한국 사회에 대한 부정적인 시선들만 마음에 담게 되겠죠. 그들이 우리 사회에 적응할 수 있도록 적극적으로 돕는다면 굳이 자녀의 학교를 옮기는 수고도, 그들이 사는 지역을 고립시키는 일도 없을 겁니다.

스스로를 단일 민족이라 생각하는 우리의 역사를 통틀어 요즘처럼 다양한 사람들이 어우러져 사는 것이 처음일까요? 물론 최근에는 국경을 초월한 이동이 잦아지면서 많아지기는 했지만 처음으로 겪는 현상은 아닙니다. 단일 민족이라는 신화는 과거부터 계속된 외부의 위협으로부터 단결을 이끌기 위함이었습니다. 사실 한민족이 단일 민족을 유지하고 살아왔다면 고립으로 인해 이미 역사 속에서나 찾아볼 수 있는 나라가 되었을지도 몰라요. 조선시대 말 흥선대원군이 쇄국정책을 했던 것처럼 빗장을 걸어 잠그고 그 어떤 나라와의 교류와 간섭도 거부했다면 말이죠. 한민족이 단일 민족이라는 생각은 문화적 결속으로 작지만 강한 나라를 만들기 위한 수단이었습니다.

한국 속 문화의 섬들

서울 영등포구 대림동에 가면 한글보다 중국어 간판을 더 많이 볼 수 있습니다. 이주한 중국인들이 이곳에 모여 살면서 마을을 이루게 된 것이죠. 조선족과 중국인들이 많이 모여 사는 이곳은 주변 지역과는 다른 문화가 마치 섬처럼 형성되어 있습니다. 익숙한 풍경이 아니기에 경계심이 생겨 불필요한 오해나 불만이 나오기도 합니다. 한쪽이 견고하게 집단을 나눌수록 다른 쪽도 방어적으로 똘똘 뭉치게 됩니다. 만약 한 동네에서 출신 지역을 나누지 않고 자연스럽게 어우러져 함께 살았다면 중국인 마을, 필리핀 동네가 필요 없었겠죠.

다문화 집단은 소수를 차지하기 때문에 차별을 받을 가능성이 높습니다. 특히 법에 의한 물리적 차별보다는 정서적 차별이 더욱 차갑게 느껴집니다. 실제로 2015년 여성가족부에서 3,640명을 대상으로 실시한 〈국민 다문화 수용성 조사〉 결과에 따르면, "외국인 노동자와 이민자를 이웃으로 삼고 싶지 않음"이라는 항목에 '그렇다'라고 답한 사람이 31.8퍼센트였습니다. 그리고 외국에서 온 사람들 중 사회적 차별을 경험한 비율은 10명 중 4명이나 된다고 합니다. 실제로 폭력을 휘두르지는 않더라도 불안한 신분을 약점 삼아 임금을 주지 않는다든지, 본국의 어려운 경제상황을 이유로 깔보는 행위 등도 모두 문화적 차별에서 오는 폭력입니다. 다문화 집단을 대하는 우리의 태도에 수평적인 폭력은 없는지 생각해봐야 할 때입니다.

다문화, 걱정하지 마세요

한국인 대다수가 다문화 사회가 되어가고 있는 우리 사회를 걱정스럽게 바라봅니다. 사회의 다양성이 증가하는 것에 대해 우리는 두려워하고 있죠. 하지만 과연 다문화된 한국의 미래는 어둡기만 할까요?

　다문화 사회를 한 걸음 떨어져서 봅시다. 우리나라에만 외국인이 유입되어 다문화가 된 것이 아닙니다. 한국인들이 이민을 가서 정착한 다른 나라들도 오래된 다문화 역사를 가지고 있습니다. 한국인들이 선호하는 이민국을 조사하면 늘 상위에 자리하는 나라가 캐나다입니다. 그들의 무엇이 이런 결과를 가져오게 했을까요? 비결은 딱 하나입니다. 이민자들에 대한 차별 없는 인정이죠. 이민자들에 대한 호의는 사회적인 분위기뿐만 아니라 이민자 정책에서도 찾을 수 있습니다. 캐나다는 이민자들이 사회 구성원으로서 정착할 때까지 체계적으로 지원한다고 합니다. 자국 사람들과 마찬가지로 사회에 소속된 일원이기 때문에 그들의 적응을 돕는 것이 당연하다고 생각하죠. 그리고 이민자들로부터 문화적 다양성이라는, 경제적으로 가치를 매길 수 없는 사회 발전의 잠재력을 기대합니다. 이민자들에게 우호적인 정책을 펴면서 우수한 인력을 끌어들여 그들의 사회·문화적 경험들을 활용해 캐나다의 문화를 더욱 풍성하게 합니다. 한국 문화에 흡수되기를 바라는 우리네 정서와는 매우 다른 제도입니다. 캐나다의 포용적인 이민자 정책이 자리 잡을 수 있었던 것은 차별을 거둔 따뜻한 사회적 동의가 있었기 때문입니다. 다양성이야말로 정체된 사회를 움직이는 새로운 원동력이에요. 캐나다를 통해 지금 우리가 스스로 잃고 있는 것들이 무엇인지 생각해봐야 하지 않을까요?

사회 속에서 찾은 차별, 그 이후

앞에서 본 것처럼 사회 속에서 지속적으로 일어난 차별은 당장 해결하기 어려운 것들이 많습니다. 따라서 차별이라는 것을 알아차리고 끊임없이 대화하면서 바꿔나가려는 노력이 필요합니다. 이 노력은 차별당한 사람은 물론, 사회 전체가 함께 해야 할 것입니다.

이제는 차별을 당했던 사람들과 그들을 지지해준 평범한 시민들이 어떻게 차별에 맞서 싸웠는지 살펴볼 차례입니다. 차별의 역사를 끝내기 위한 힘겨운 투쟁 과정은 우리에게 차별이 얼마나 깊은 상처를 남기는지 보여줍니다. 변하지 않을 것 같은 사회를 조금씩 변화시켜온 그들의 희생 덕분에 지금의 우리가 차별에 대해 자유롭게 문제를 제기할 수 있게 되었어요.

6

차별에
저항하다

차별로 고통받는 사람들의 이야기는 비단 어제오늘만의 일이 아닙니다. 하지만 지금은 과거에 비해 차별이 가져오는 문제들을 되돌아볼 줄 알고, 바꿔보려는 움직임이 많아졌습니다. 이 움직임의 중심에는 차별을 받던 이들도 있고 차별을 행하던 이들도 있습니다. 때로는 차별에 대한 반격으로 그리고 수많은 희생 뒤의 반성으로 서서히 허물어져 가는 차별에 대해 이야기해보고자 합니다.

변화를 위한 터닝 포인트

사회에서 발생하는 문제는 종종 사회제도와 사람들의 인식이 변화하는 속도에 차이가 발생해서 옵니다. 제도가 사람들의 변화된 인식을 따라가지 못하면 사회적 합의를 통해 제도를 바꾸면 됩니다. 문제는 사람들의 인식이 과거에 머물러서 변해가는 제도의 속도를 따라가지 못할 때 발생합니다. 인식은 제도보다 변화의 속도가 느리거든요. 지금이야 빠르게 바뀌는 제도와 시대의 속도에 익숙해졌지만, 19세기만 해도 변화의 속도에 아직 가속도가 붙기 전이었습니다.

1865년, 미국에서는 노예제 폐지 논쟁으로 불이 붙었던 남북전쟁이 끝났습니다. 승리한 북부의 주장에 따라 노예제도가 전면 금지되었습니다. 노예제도를 지키기 위해 4년에 걸쳐 전쟁에 모든 것을 걸었던 남부는 돈과 노예, 사람과 땅, 그들이 가진 모든 것을 잃었습니다. 폐허 속에서 남부 사람들의 북부에 대한 증오와 흑인 노예에 대한 적대감은 커져갔어요. 결국 노예제도 폐지를 인정하지 못한 일부 남부 사람들에게 잘못된 감정이 생겨나기 시작했어요. 하찮은 노예가 모든 것을 망가뜨렸다고 생각한 거예요. 남부 사람들은 흑인에 대한 차별이 법으로 금지되었음에도 그들을 변함없이 착취했어요. 또한 남부 백인들을 중심으로 1866년에 KKK단*이 조직되어 인종 테러라는 끔찍한 사건이 이어졌습니다. 흑인들은

....

• Ku Klux Klan의 약자로, 백인 우월주의를 표방하는 미국의 극우 비밀결사단체.

물론 노예해방을 지지한 백인들을 습격하고 집을 불태우고 죽이는 것을 서슴지 않았어요. 그들의 표적이 될까 두려웠던 흑인들은 몇 세대 만에 찾게 된 자유도 만끽하지 못한 채 숨죽이며 지냈습니다.

1876년에는 미국의 각 주에서 등장한 흑백차별법, 이른바 짐 크로우 법Jim Crow Laws*이 시행되기도 했어요. 노예제도는 사라졌지만 흑인을 백인과 동등한 사회 구성원으로 인정할 수 없다는 인종차별의 민낯이 밖으로 드러난 거예요. 결국 흑인들은 화장실은 물론이고, 식당이나 대중교통 내에서의 좌석도 분리되는 차별을 겪었습니다. 그들에 대한 대우는 과거와 달라진 게 하나도 없었지요.

오랜 세월 동안 인간 이하의 취급을 받으며 차별을 온몸으로 견뎌온 흑인들은 그저 잠자코 현실을 받아들일 수밖에 없었을까요? 없던 것을 새로 만드는 것도 어렵지만 있던 것을 바꾸는 일은 그보다 곱절의 노력이 필요합니다. 특히 차별은 혜택을 받은 쪽이 분명히 존재하고 있어 그들의 저항을 딛고 변화를 가져오기란 여간 어려운 일이 아닙니다. 더구나 차별의 대상은 힘없는 사회적 약자들이에요. 그래도 시간이 흐름에 따라 인식은 바뀌기 마련이며,

---

• 1876년부터 1965년까지 미국에서 시행된 주법으로 옛날 남부에 있던 모든 공공기관에서 합법적으로 인종 간 분리를 허용한 법.

변화는 인권과 자유를 존중하는 방향으로 나아가고 있습니다.

차별적인 현실을 바꾸기 위한 반격은 어떻게 시작될까요? 차별의 반격이 혁명이 되어 터지려면 중요한 계기가 필요합니다. 나쁜 습관을 바꾸기 위해 굳은 의지와 계기가 필요한 것처럼 말이죠.

차별에 대한 투쟁의 시작

뿌리 깊은 인종차별의 역사를 가진 미국에서 반격의 신호탄이 된 사건이 1955년 앨라배마주 몽고메리에서 일어났습니다. 백화점에서 일을 마치고 집에 가기 위해 버스에 올라탄 로자 파크스 Rosa Parks는 언제나처럼 버스 안 유색인 지정 좌석에 앉았습니다. 점점 승객들로 버스 안이 붐비자 운전기사는 로자가 앉은 곳의 표시를 백인으로 바꿨습니다.

로자는 좌석 표지판이 백인으로 바뀌고 나서도 자리에서 일어나지 않았습니다. 처음 앉을 때에는 분명 유색인의 자리였으니까요. 결국 그녀는 몽고메리시 조례* 6장 11절 〈분리에 관한 법률〉을 위

....

* 지방자치단체의 의회에서 제정되는 자치법규.

반한 혐의로 체포되었습니다. 이 작은 사건은 오랫동안 차별을 견뎌온 흑인들의 분노를 치솟게 했습니다. 로자에게 선고된 유죄판결은 마치 흑백차별의 고리를 이제는 끊어야 할 때라는 신호탄과 같았어요.

이 사건 이후 흑백 인종차별에 대항한 다양한 인권운동이 시작되었습니다. 노예제도 폐지 이후에도 무시무시한 인종 테러와 차별에 고통받던 흑인들은 힘을 모아 함께 저항했지요. 차별의 피해자인 흑인들이 가해자들이 만들어낸 불법과 테러에 대한 두려움을 떨쳐버리고 스스로 앞장서서 움직이기 시작했습니다. 마음속에 자라고 있던 차별에 대한 분노가 하나둘씩 모이자 세상이 변하기 시작했습니다.

차별의 반격이 성공하기 위해서는 많은 이들이 힘을 합쳐야 합니다. 또한 그들을 조직적으로 이끌 누군가가 필요하죠. 특별히 잘난 사람이거나 많이 배운 사람이 아닙니다. 앞에서 용기 있게 행동하는 사람이 필요합니다. 로자 파크스 사건 이후 마틴 루터 킹Martin Luther King Jr. 목사가 앞장섰던 것처럼요.

누구나 현실이라는 벽에 부딪혀 이상과는 다르게 늘 그래왔던 '관행'이라는 틀에 몸을 애써 맞추려 합니다. 기존의 것을 지키고 싶어하는 사람들은 반격을 준비하는 쪽에게 전투 의지를 다지고 더 뭉치게 하는 힘을 줍니다. 하지만 같은 생각을 가지고 있다고 믿었던 사람들이 아무런 의지가 없다면 그만큼 힘 빠지는 일이 없겠지요. 마틴 루터 킹 목사가 남긴 유명한 말들 중 하나를 꺼내보겠습니다. "역사는 이렇게 기록할 것이다. 사회적 전환기의 최대 비극은 악한 사람들의 거친 아우성이 아니라, 선한 사람들의 소름 끼치는 침묵이었다." 이 말은 차별을 하는 사람뿐만 아니라 받고 있는 사람 모두에게 적용되는 말입니다.

로자 파크스 사건이 발생하고 10년이 지난 1966년 흑인들의 참정권을 보장하는 '투표권법'이 승인되었습니다. 오랜 시간을 기다려온 만큼 투표율은 높았고, 투표율이 높아지자 흑백통합법이 만들어질 수 있었습니다. 그렇게 서서히 인종차별의 흔적들이 지워져 갔습니다.

이제 흑인을 비롯한 유색인종은 백인과 같은 길을 걸을 수 있게 되었고, 같은 교실에서 함께 앉아 공부하며, 밥도 같이 먹을 수 있게 되었어요. 물론 버스에서도 자유롭게 나란히 앉을 수 있지요. 지금은 당연하다고 생각되는 모든 일들이 불과 50여 년 전만 해도 할 수 없는 것들이었습니다.

아직도 미국에서는 인종차별적인 발언이나 사건들이 끊임없이 벌어지고 있습니다. KKK단은 여전히 백인 우월주의자들의 대표

모임으로서 집회를 열기도 합니다. 유색인들을 대상으로 한 증오 범죄도 잊을 만하면 일어나며, 흑인들에 대한 경찰의 과잉 진압이 종종 문제가 되기도 합니다. 하지만 이러한 크고 작은 사건들은 미국인들을 비롯한 전 세계 사람들에게 옳지 못한, 부끄러운 사건들로 비치고 있습니다. 남북전쟁이 끝난 지 150년이 지났지만 여전히 상처는 남아 있습니다. 하지만 기나긴 인종차별의 어두운 터널을 지나오면서 미국인들의 인종차별의 감수성이 예민해지게 되었죠. 그 변화는 사회 여기저기에서 찾을 수 있습니다.

2009년 1월 20일, 버락 오바마가 미국 최초의 흑인 대통령으로 당선되었습니다. 링컨 대통령이 노예해방을 선언한 지 146년 만에, 마틴 루터 킹 목사가 자유로운 세상에 대한 꿈을 이야기한 날로부터 46년 만의 일이에요. 이제 흑인들은 과거 백인들의 영역이라 여겨졌던 정치, 경제, 사회 모든 부문에서 공식적으로 차별 없이 활동하고 있습니다. 2015년에는 미국 최고의 발레단인 '아메리칸 발레 시어터American Ballet Theater'가 창단한 지 75년 만에 흑인 여성 최초로 미스티 코플랜드Misty Copeland를 수석 무용수로 발탁했습니다. 전통이라는 이름으로 백인 위주의 무대를 고집했던 예술 분야에서도 차별이 점차 사라지고 있는 중입니다.

우리가 스스로 권력자를 뽑는다고?

　민주주의 국가에서 살아가는 여러분은 민주주의라는 이름에 걸맞게 이 나라의 주인이라는 생각을 가지고 있나요? 주인이라고 누가 대우해주는 것도 아닌데 왜 우리가 주인이라고 할까요? 민주주의의 주인이 되는 권리는 선거에서 찾을 수 있습니다. 선거는 단순히 후보에게 표를 던지는 투표 행위 이상의 가치를 지니고 있습니다. 나의 자유의사에 따라 내가 원하는 후보를 지지할 수 있으며, 나라의 대표를 뽑습니다. 정치인들이 자신을 뽑아준 국민들을 대표하여 그들과 소통하면서 정치를 하는 민주주의는 차별 없이 누구나 정치적 자유를 누리는 나라입니다.

　그렇다면 우리나라는 모든 정치적인 활동에 대한 자유를 보장하고 있을까요? 개인마다 느끼는 정도가 다르겠지만 대한민국 국민이라면 누구나 정치권력에 대해 평가하고 영향력을 행사할 수 있다는 믿음이 있습니다. 만약 누군가가 권리 행사를 방해해 그 믿음을 깨려 한다면 평화적으로 촛불을 들고 저항과 비판을 할 수 있는 성숙한 시민의식도 있습니다.

　대한민국 국민이라면 누구나 대통령이 될 수 있고, 국회의원을 비롯한 정치인이 될 수 있습니다. 또한 국민의 힘으로 평화적인 정권 교체가 가능하죠. 굳이 정치인이 아니더라도 매스컴, SNS, 시민단체, 이익단체 등 다양한 방법을 통해 정치적 의사결정에 참여할 수 있습니다. 우리가 사는 대한민국은 민주주의 제도를 가지고 있으며, 정치적 차별 없이 누구나 권력을 나누어 가지고 있습니다.

재미있는 것은 이렇게 평등한 민주주의 국가에서도 정치권력의 1인자가 존재한다는 거예요. 우리나라의 경우, 국군통수권을 비롯하여 행정부의 실질적인 권한을 가진 대통령이 있습니다. 대통령이 무소불위의 권력을 지닌 듯 보이지만, 왕정 시대처럼 절대적인 권한을 가진 왕은 아니에요. 대통령은 선거를 통해 유권자들의 정치권력을 위임받아 국민의 지지라는 정통성에 기반을 두기 때문입니다. 즉 국민의 지지가 없으면 1인자가 될 수 없어요.

우리가 살아온 반만년이라는 긴 역사 속에서 가장 많은 사람들의 정치적 의견을 반영해 뽑은 권력자가 바로 대통령입니다. 선거에 참여했다는 것은 그 결과를 받아들이고 자신의 정치권력을 당선된 사람에게 위임해준 것이라고 간주하니까요.

오늘날 정치적 권리 행사의 핵심은 '투표'라는 행위에 있습니다. 여건상 모든 사람들이 직접 정치에 참여할 수 없기 때문에 대의민주주의를 이끌어갈 대표를 뽑는 투표의 가치는 매우 큽니다.

먼 길을 돌아온 보통선거권의 쟁취

대의민주주의가 시작된 이후 선거권은 시간이 흐름에 따라 정치적 차별을 가져온 도구에서 자유의 상징으로 변화되어왔습니다. 민주주의가 처음 시작된 고대 그리스 아테네에서는 직접민주주의를 했기 때문에 지금과 같은 선거가 필요하지 않았어요. 정치에 참여하는 시민의 수가 적었기 때문에 모두가 국가의 주요 의사결정에 참여할 수 있었죠. 대표가 필요하면 돌아가면서 하면 되었어요. 하지만 그들에게 시민이란 아테네에 사는 '모든 사람'이라는 의미가 아니라 '자유민인 성인 남자'에 한정되었죠. 지금과 달리 차별적인 요소를 가진 제한된 민주주의였습니다. 그렇다면 현재와 같은 선거가 시작된 것은 언제부터였을까요?

세계에서 가장 먼저 왕의 권한이 나누어지게 된 영국을 살펴보겠습니다. 1688년 영국 의회는 왕인 제임스 2세가 마음대로 권력을 휘두르는 것에 불만을 품고 그를 폐위시키려 합니다. 그러자 제임스 2세는 템스강에 국새를 던져버리고 프랑스로 도망가 버리고 말지요. 이 사건이 바로 피 한 방울 흘리지 않고 왕의 권한이 의회에 나누어지게 된 명예혁명입니다. 이로써 영국의 일부 부르주아 계층이 정치에 참여할 수 있게 되었어요. 정치적으로 차별을 받던 이들이 마침내 정치 무대에 등장하게 된 획기적인 사건이었지요. 하지만 여전히 선거권은 선택받은 사람들을 위한 특혜일 뿐이었어요. 귀족이나 부르주아 외에 일반 시민들은 참여할 기회가 제한되었습니다. 특혜와 차별이 존재했던 당시의 선거가 보통선거일까요? 보통선거라면 누구나 일반적으로 참여할 수 있어야 하는데 말이지요. 그렇다면 오늘날과 같은 보통선거는 언제부터 시작됐을까요?

나라마다 차이는 있지만 대부분의 국가들이 20세기 중반에 와서야 보통선거를 시작했습니다. 1948년의 우리보다는 빨랐지만 민주주의 역사의 흐름에서 본다면 꽤 오랜 시간이 지나서야 보통선거가 시행됐습니다. 명예혁명으로 가장 먼저 일반 시민들에게 참정권을 부여한 영국도 19세기 초까지 귀족이나 부르주아를 제외한 시민들의 정치 참여를 철저하게 배제시켰습니다. 계급을 떠나 모든 여자들도 정치적 차별의 대상이 되었지요. 이후 차티스트 운동*이 발생하면서 점차 선거권의 범위가 확대되었습니다. 처음에는 총 인구의 약 3퍼센트인 중산계급만 선거권을 나누어 가졌다

• 1830년대에서 1840년대에 걸쳐 일어난 영국 노동자의 참정권 확대 운동. 투표권을 유산 계급에게만 부여하고 있는 데 불만을 품고, 보통선거권을 포함한 요구 사항을 인민헌장에 제시하여 정부의 탄압을 받았으나, 나중에 그 요구 사항의 대부분이 실현되었다.

가 기나긴 투쟁 끝에 1928년에는 21세 이상 모든 남녀에게 선거권을 부여하는 보통선거제도가 실시되었습니다. 자그마치 230여 년에 걸친 투쟁이었어요. 오랜 기간 동안 정치적으로 소외되어 차별당하던 이들이 그간의 설움을 떨쳐버리고 스스로 쟁취해냈다는 점에서 선거권은 시민들에게 정치적 승리의 상징으로 여겨졌습니다.

18세기 후반 프랑스에서는 정치에 참여하기 위한 일반 시민들의 혁명이 더욱 격렬하게 진행되었습니다. 1789년 루이 16세의 삼부회 소집으로 시작된 시민들의 정치권력 찾기는 1848년 2월 혁명 끝에 보통선거가 실시되면서 마무리되었습니다. 정치적 차별이 이렇게 오랫동안 계속된 이유는 기득권 나누기가 그만큼 어렵기 때문입니다. 막대한 자금력을 가지고 차별에 반대한 부르주아도 정치에 참여하기까지 온갖 설움을 견디며 절대왕권에 맞서 투쟁했어요. 그렇기에 일반 시민이 얼마나 절실하게 선거권을 원하는지 그들도 알고 있었죠. 부르주아들은 자신들의 권리를 되찾기 위해 소시민들의 희생이 필요했어요. 하지만 혁명 이후 얻게 된 권리는 부르주아만의 것이었어요. 정치 참여라는 전리품을 독차지한 부르주아의 이기주의는 농민이나 노동자 계층이었던 서민들에게 깊은 상처를 남겼어요. 그 결과 프랑스는 더욱 격렬한 시민혁명이 진행되었습니다. 누구나 투표할 수 있는 보통선거제도가 생길 때까지 반격은 계속되었어요. 마침내 자유로운 정치 참여가 시작되면서 차별은 사라진 듯 보였습니다. 일정한 연령이 지나면 자연스럽게 선거권을 갖게 되었기 때문이죠. 너도 나도 이제는 끝났다며 기분 좋게 한 표를 행사했습니다. 하지만 과연 이것으로 차별은 없어졌을까요?

반격을 자초하는 권력자들

정치적 평등을 위한 선거권의 쟁취 과정은 민주주의가 시민들에 의해 끊임없이 변화하고 숨 쉬는 제도라는 것을 보여줍니다. 항상 변화 가능성이 열려 있는 민주주의는 그 안에 살아가는 시민들의 정치문화에 따라 성장과 퇴보가 가능합니다. 민주주의가 건강하게 성장하려면 어떻게 해야 할까요? 정치적 차별의 핵심인 선거권과 피선거권에 대한 제한이 있는지, 정치권력에 대한 비판과 평화적인 교체가 가능한지 따져보며 시민으로서 정치에 끊임없이 참여해야 합니다.

대한민국이 수립되면서 시작된 70여 년의 민주주의 역사를 돌이켜보면 정치적 차별에 대한 저항과 함께 성장한 시민의식을 확인할 수 있습니다. 세계사 속의 3대 시민혁명인 영국의 명예혁명, 미국의 독립혁명, 프랑스 대혁명처럼 우리에게도 이에 버금가는 시민운동이 있습니다. 바로 4·19혁명, 광주민주화운동, 6월 민주항쟁이죠. 온갖 정치적 차별에도 굴하지 않고 이 땅의 진정한 주인이 되고자 했던 대한민국 시민들이 있었기에 지금의 정치적 자유가 가능했습니다.

정치적 차별에 대한 시민들의 반격은 아직도 진행 중입니다. 2011년 시민의 힘으로 민주화에 성공한 튀니지의 재스민 혁명 이후 중동 지역과 북아프리카에 '아랍의 봄'이 찾아왔습니다. 이집트, 예멘, 리비아가 독재자를 몰아내고 민주화에 첫발을 내디뎠죠. 하지만 여전히 이란, 쿠웨이트, 모로코, 시리아에서는 반정부 시위가 끝나지 않았습니다. 특히 시리아는 정부의 강경한 대처로 상황이 장기화되고, 민주화 시위로 시작된 반정부 세력이 무장을 하게 되면서 곳곳에서 내전이 발생했습니다. 설상가상으로 혼란해진 틈을 타고 이슬람 극단주의 무장단체인 '이슬람국가IS*'가 세력을 넓혀 시리아에 근거지를 두게 되었습니다. 여기저기에서 포탄이 터지는 전쟁터에서 더 이상 정상적인 삶을 지키기 어려워진 시

··

• 급진 수니파 무장단체인 이라크-레반트 이슬람국가가 2014년 6월 29일에 개명한 단체.

리아 사람들은 국경을 넘어 난민이 되었어요. 시리아 안에서 발생한 정치적 차별의 여파는 난민 문제와 IS 격퇴라는 해결이 시급한 과제를 낳았고, 이제 더 이상 그들만의 문제일 수만은 없게 되었습니다.

독재라는 권력 형태는 비단 과거의 이야기가 아닙니다. 지금까지 있어왔고 앞으로도 있을 수 있습니다. 많은 이들의 희생을 가져오면서까지 권력자들이 정치권력을 놓지 않으려는 이유는 무엇일까요?

권력의 성격과 속성에 관해 연구한 정치학자들의 이론을 살펴보면 권력만이 가진 특징을 찾을 수 있어요. 첫째, 권력은 늘 자신을 확장시키길 원합니다. 차고 넘쳐흐를지라도 끝을 모르고 계속해서 더 많은 권력을 갖고자 합니다. 둘째, 만인이 나누어 갖는 것이 아니라 소수에게 집중되길 원하고요. 소수에게 집중될수록 자신이 가질 권력의 크기가 더욱 커지기 때문이에요. 셋째, 갖은 수단으로 쌓아올린 권력은 마지막으로 영원히 지속하는 것에 몰두합니다. 권력을 모았으니 이제는 시간이 멈추었으면 하는 것이죠. 이와 반대로 정치적으로 배제된, 즉 권력을 가지지 못한 사람들은 정치적 차별을 극복하기 위해 타인의 권력을 제한하고자 합니다. 매서운 눈으로 권력이 커지는 것을 경계하죠. 권력을 분산시켜 소수가 독점하지 않도록 조심합니다. 그리고 선거를 통해 합법적으로 권력자를 교체하고자 합니다.

우리는 영국의 정치인 액턴 경Lord Acton이 말한 "권력은 부패한다. 절대 권력은 절대 부패한다."는 말에 주목해야 합니다. 권력을 확장·집중·지속하려는 욕심을 가진 소수를 경계하고, 권력을 제한·분산·변경하려는 다수의 노력이 필요합니다. 때로는 정치 차별에 대한 격렬한 반격도 필요하겠지요. 권력자가 장악한 무력도 반격을 막을 수는 없습니다. 이는 역사적으로 증명된 사실이죠.

지금은 많은 나라들이 군권을 정권과 함께 대통령에게 일임하고 있습니다. 군사권은 국민을 안전하게 지켜주는 소중한 존재이지만, 군사쿠데타와 계엄령 선포 등으로 민주주의를 묵살하고 인권을 짓밟는 도구가 되기도 합니다. 권력자가 군권을 마음대로 휘두른다면 당장은 공포심을 조장하여 정권을 잡을 수 있겠지만 결국 무너지고 말 겁니다. 정치는 무력으로 해나가는 것이 아니니까요. 국가의 한정된 자원을 적재적소에 배치하기 위해 무력이 아닌 통찰력과 결단력으로 다투는 것이 정치입니다. 정통성이 없는 권력은 정치에 소외된 사람들을 만들기 마련이며, 차별받은 이들의 울분이 쌓여 한꺼번에 터지면 혁명의 바람이 불어옵니다.

한 나라의 정치 현실은 그 나라 시민의식을 반영합니다. 많은 나라들이 민주주의라는 제도 속에서 살고 있지만 가족 구성원의 특성에 따라 고유의 가풍을 가지듯 저마다 다른 모습을 하고 있습니다. 한 나라의 정치문화는 시민들이 만들어갑니다. 성숙한 시민사회와 함께 정치적 차별의 산을 여러 번 넘어온 우리는 이제 무엇을 고민해야 할까요? 과거에는 내가 보상을 받고 있는지에 관심을 가졌다면 이제는 내가 '어떤' 보상을 받느냐를 유심히 살펴봐야 할 때입니다. 차별의 요소가 언제 어디에서 교묘하게 나타날지 모르기 때문이죠. 또한 정치의 특성상 한정된 포도를 모든 이들이 나누어 가질 수 없기 때문에 생기는 배분의 문제에 대해서도 생각해 보아야 하겠습니다.

에필로그

중남미 지역의 주술사가 깨운 시체인 좀비는 모든 것이 주술사의 지배하에 있기 때문에 움직일 수 있지만 생각할 수는 없습니다. 생각할 수 없기 때문에 어떤 일을 시키든 맹목적으로 따라갈 수밖에 없죠. 인간이 인간다워질 수 있는 이유는 생각하는 힘에 있습니다. 하지만 사회 속에는 기계의 한 부품이 되어 생각 없이 그저 살기 위해 사는 이들이 많습니다. 좀비는 상상 속의 존재이지만 역사 속에서 좀비와 같은 사람들이 저지른 끔찍한 일들은 찾을 수 있어요.

독일 출신의 유대인 철학자 한나 아렌트Hannah Arendt는 1960년 독일 나치의 장교였던 아돌프 아이히만Adolf Eichmann의 재판 과정을 지켜보고 1963년에 《예루살렘의 아이히만》을 저술했습니다. 이 책에서 그녀는 '악의 평범성'에 대해 이야기했어요. 많은 유대인들은 자신의 가족을 이유 없이 학살하는 데 앞장섰던 아이히만을 전 세계 역사상 유례없는 극악무도한 사람일 것이라고 생각했습니다. 그리고 이 재판에 유대인은 물론 전 세계인들의 이목이 집중되었죠. 하지만 아렌트의 눈에 비친 1급 전범의 모습은 지극히 평범하고 근면하기까지 한 사람이었습니다.

흔히 우리가 엄청난 범죄를 저지르는 사람에 대해 갖는 이미지가 있습니다. 잔인하고 악랄하며 악마와 같은 모습을 하고 있을 거라 생각하죠. 하지만 아렌트가 지켜본 아이히만은 그렇지 않았어요. 국가와 민족이라는 목적과 명예를 앞세워 혼자서는 결코 할 수 없는 일들을 저질렀습니다. 그녀의 주장은 큰 파장을 일으켰어요. 대부분의 유대인들은 허탈했고 분노하기까지 했어요. 자신들에게 지울 수 없는 큰 상처를 입힌 홀로코스트가 주변에서 흔히 만날 수 있는 그저 평범한 사람에 의해 자행되었다고 말한 아렌트의 주장을 받아들일 수 없었습니다. 인간에 대한 최소한의 기대마저 무너뜨리기 싫었을 거예요. 그래서 아렌트를 비판했지요. 하지만 그녀는 자신의 결론을 굽히지 않았어요. 나치의 유대인 학살은 결코 개인의 악마 같은 성격 때문이 아니라 자신이 맡은 일을 그저 별생각 없이 수행한 쓸데없는 성실함 때문이라고 말이죠.

그렇다면 누구나 악한 사람으로 변할 가능성이 있을까요? 그렇

지는 않습니다. 평범한 사람이 악한 사람이 되느냐 마느냐는 한 가지 변수 때문입니다. 바로 생각이에요. 자기성찰, 상황에 대한 분석, 비판적 사고, 타인에 대한 공감. 이 모든 것들에 대해 자신의 생각이 있느냐가 중요합니다. 아렌트는 저서에서 "다른 사람의 입장을 이해하지 못하는 생각의 무능은 말하지 못하는 무능을 가져오고 행동의 무능으로 이어진다."고 했습니다. 잘못된 일을 되풀이하지 않게 하는 방법은 스스로 생각하는 것뿐입니다. 아무 생각 없이 다른 사람이 하니까 따라 하는 사람은 악의 평범성의 함정에 빠질 수밖에 없어요. 누군가 타인을 차별할 때 이건 아니라고 말할 줄 아는 비판적 이성을 가진 사람만이 그 함정에서 빠져나올 수 있습니다.

지금 우리가 평화를 위해서 노력하고, 주변을 돌아볼 수 있는 이유도 과거의 노력들이 있기에 가능하지 않았을까요? 아직도 주변에는 차별적인 사회에 대해 치열하게 고민하는 평범한 사람들을 필요로 하는 곳이 많습니다. '모르는 게 약'이라는 옛 속담은 차별의 영역에서 만큼은 독이 되는 말입니다. 차별의 역사와 과정에 대해 정확히 알아야 그 함정에서 빠져나올 수 있어요. 다른 이들의 일이라며, 혹은 용서를 구하는 것에 인색하여 회피하고 싶었던 차별의 불편한 모습을 있는 그대로 들여다볼 수 있을 때 비로소 차별의 감수성을 가진 생각하는 1인이 될 수 있습니다.

과거에 비해 우리 사회가 좋아졌다고 판단하는 두 가지 근거가 있습니다. 먹고사는 문제와 개인이 사회에서 느끼는 지위에 관한 것이죠. 지금 우리는 과거 100여 년 전과 비교하여 경제적으로 풍요로우며, 그 어느 때보다도 평등한 사회에서 살고 있습니다. 경제적인 풍요는 산업 및 농업 기술의 발전 때문이지만 정치적 평등은 앞서 봤던 정치적으로 소외됐던 사람들 스스로가 투쟁하며 쟁취해낸 것입니다. 왜 이들은 스스로를 위해 그리고 주변을 위해, 또 후대의 우리들을 위해 싸워온 것일까요? 차별을 넘어 평등을 위해 싸운 그들이 유난히 평등의 중요성을 잘 알고 있었기 때문일까요?

다수의 철학자들은 합리적인 이성에 따라 인류가 발전해왔다고 말하지만 미국의 정치학자 로버트 달Robert Dahl은 다른 주장을 합니다. 정치적 평등의 확대 과정에서 인간의 이성보다는 감정과 정서가 더 중요하게 작동한다고 말이지요. 평등에 대한 정서적 지지는 차별을 하는 집단과 차별을 받는 집단 모두에서 찾아볼 수 있어요. 특히 반격에 대한 지배층 내부에서의 지지가 없었다면 정치적 평등이 급속히 진전되기 힘들었을 거예요. 이미 정치적·사회적으로 자원을 많이 가진 자들이 그렇지 못한 이들에게 곁을 내주며 자신이 가진 것의 일부를 포기하여 가능했습니다. 그들에게 이성적인 판단은 자신이 차지하고 있는 권력을 꽉 쥐고 있는 겁니다. 그럼에도 평등을 응원한 지배층들은 왜 자신의 이익에 반하는 선택을 했을까요?

바로 인간만이 가지고 있는 고도의 감정이입 때문입니다. 차별을 깨뜨린 모든 혁명에는 '다른 사람의 처지에서 생각할 수 있는 능력'을 가진 지배층들이 있었어요. 침팬지처럼 인간과 비슷한 유인원들도 감정이입을 한다고 합니다. 하지만 인간은 조직을 만들어 협력하기를 잘하고, 상대의 감정을 이해하는 역지사지 능력이 뛰어납니다. 이런 탁월한 능력 덕분에 많은 시행착오를 겪고 있기는 하지만 점점 더불어 사는 아름다운 공동체를 만들어 나가고 있습니다.

우리는 원숭이와 다릅니다. 인간이 인간답게 살기 위해서는 서로를 배려하고 존중해야 합니다. 나만의 삶이 아닌 타인의 삶 또한 돌아볼 줄 아는 능력이야 말로 동물과 다른 지점이겠지요.

누구나 인간으로서의 존엄과 가치, 권리를 가질 수 있도록 다함께 관심과 노력을 기울여보는 건 어떨까요?

차별은 원숭이도 화나게 한다

초판 1쇄 발행　　2019년 7월 5일
초판 7쇄 발행　　2022년 8월 22일

지은이　　복대원 선보라
책임편집　　장동석 박하영
디자인　　고영선

펴낸곳　　(주)바다출판사
주소　　서울시 종로구 자하문로 287
전화　　322-3885(편집), 322-3575(마케팅)
팩스　　322-3858
E-mail　　badabooks@daum.net
홈페이지　　www.badabooks.co.kr

ISBN　　979-11-89932-14-5 43100